Militärkonzerte in Kirchen?

Matthias-W. Engelke, Markus Euskirchen,
Stefan Gehrt, Hanns-Werner Heister,
Christoph Münchow, Rainer Schmid,
Anthony Spiri, Theodor Ziegler

MILITÄRKONZERTE IN KIRCHEN?

Wissenschaftliche und theologische Beiträge
sowie Erfahrungsberichte

edition pace

Die Herausgabe dieses Buches wurde gefördert durch die Bertha-von-Suttner-Stiftung.

Bertha
von Suttner
Stiftung
der DFG-VK

Die Deutsche Nationalbibliothek verzeichnet diese Publikation in der Deutschen Nationalbibliografie; detaillierte bibliografische Daten sind über http://dnb.dnb.de abrufbar.

©2024

Matthias-W. Engelke, Markus Euskirchen, Stefan Gehrt, Hanns-Werner Heister, Christoph Münchow, Rainer Schmid (Hrsg.), Anthony Spiri, Theodor Ziegler

Verlag: BoD · Books on Demand GmbH, In de Tarpen 42, 22848 Norderstedt Druck: Libri Plureos GmbH, Friedensallee 273, 22763 Hamburg

ISBN: 978-3-7597-7940-3

Cover-Foto: © Ralf Drescher. Motiv: Stabsmusikkorps der Bundeswehr am 11.12.2019 im Berliner Dom

Bildrechte: siehe Anhang „Über dieses Buch / Bildrechte"

edition pace

INHALT

Anhänge 117

Einleitung

In Deutschland finden pro Jahr 90 bis 100 Militärkonzerte im kirchlichen Rahmen statt. Ungefähr die Hälfte in evangelischen, die Hälfte in katholischen Kirchen. Die Hälfte in der Adventszeit, die Hälfte im restlichen Jahr.[1]

In Kirchen werden kirchliche, klassische und moderne Stücke gespielt. Nur selten ein Marsch. Die ungefähr 850 Musik-Soldat*innen der 15 Militärmusikkorps sind professionell ausgebildet.

Militärkonzerte bilden laut Bundeswehr-Website eine "eine wichtige Brücke zwischen Bundeswehr und Bevölkerung"[2]. Es geht um Image- und Sympathiewerbung.

Wie bei jeder Image-Werbung geht es auch in diesem Fall um die Übertragung eines Gefühls auf ein Produkt.[3] Bei einem Militärkonzert überträgt sich das „Hochgefühl" der Musik auf die Bundeswehr. Auch die besondere Atmosphäre der Kirche überträgt sich auf die Bundeswehr.

Passt das zusammen?

Dieses Buch möchte auf einen Missstand aufmerksam machen. Dieser Missstand wird in der Advents- und Weihnachtszeit besonders deutlich.

An Weihnachten feiern Christ*innen, dass Gott in Gestalt eines wehrlosen Säuglings auf der Erde erschienen ist. Das Kind wurde in Windeln gewickelt und in eine Futterkrippe gelegt. Das „Jesuskind" und seine Eltern besitzen keine weltliche Reichtümer,

---

[1] Siehe Anhang „Liste der Militärkonzerte". Dort die genaue Begründung und Differenzierung.
[2] www.marine.de/portal "160 Jahre Marinemusik", 08.06.2012. Screenshot siehe https://is.gd/V7mH7Z
[3] Ein Beispiel: Bei der Werbung für Ritter-Sport-Schokolade wird die Gedanken- und Gefühlswelt „Sport" übertragen auf Schokolade.

weder ein Schloss noch Ländereien. Weder viel Geld noch Kriegswaffen. Auch keine Befehlsgewalt über Untertanen.

Diese Linie setzt sich fort: Als erwachsener Mann lehnt Jesus Christus militärische Gewalt und weltliche Macht ab.[4] Er predigt das Teilen und das Helfen. Er predigt Nächsten- und Feindesliebe. Die Sanftmütigen, die Barmherzigen und die Friedensmacher preist er selig. Ohne Gegenwehr lässt er sich festnehmen. Er wurde Friede-Fürst[5] genannt.

Diese Linie setzt sich weiter fort: Christ*innen lehnten, mit wenigen Ausnahmen, den Kriegsdienst ab. Etwa 12 Generationen lang, bis zur Konstantinischen Wende im Jahr 312 nach Christus. Diese Wende geschah nicht plötzlich, sondern nach und nach, schrittweise.

Jedoch gab es auch nach der Konstantinischen Wende immer Stimmen, die die bewaffnete Gewalt konsequent ablehnten. Selbst 17 Jahrhunderte, in denen die Kirche eng mit der weltlichen Macht verbunden war, konnten die Erinnerung nicht ganz auslöschen, dass christlicher Glaube mit militärischer Gewalt eigentlich nicht zusammenpasst. Ein Indiz: Wenn Männer zum Kriegsdienst eingezogen werden, dann sind auch heute[6] Theologiestudenten, Pfarrer und Ordensbrüder in der Regel von der Dienstpflicht ausgenommen.

In Kirchengebäuden wird Jesus Christus verehrt. Deshalb sollten Kirchengebäude für die militärkritische Tradition stehen, die bis zur frühen Kirche und bis Jesus Christus zurückreicht.

---

[4] Die Versuchung Jesu, Matthäus 4,8-10 und Lukas 4,5-8
[5] Friede-Fürst ist ein Hoheitstitel in Jesaja 9,5: „Denn ein Kind wurde uns geboren, ein Sohn wurde uns geschenkt. Die Herrschaft wurde auf seine Schulter gelegt. Man rief seinen Namen aus: Wunderbarer Ratgeber, Starker Gott, Vater in Ewigkeit, Fürst des Friedens." Die Aussage wird in der christlichen Liturgie auf Christus bezogen. Aufnahme fand der Titel "Friede-Fürst" unter anderem in der auf einem Choral basierenden Bachkantate "Du Friedefürst, Herr Jesu Christ" sowie in dem Adventslied "Tochter Zion".
[6] Bis zur Aussetzung der Wehrpflicht im Jahr 2011. Vermutlich wird es auch nach der Wiedereinführung wieder so sein.

Auch wenn auf evangelischer Seite unklar ist, ob Kirchen profane oder heilige Bauwerke sind. Im Handbuch des Staatskirchenrechts steht folgendes:

> Obwohl zwischen dem katholischen und dem evangelischen Verständnis des Sakralen nicht unbeträchtliche Auffassungsunterschiede bestehen, zeichnet sich auch der Protestantische Kirchenraum durch seine besondere Würde, über alle Zweckfunktionen hinaus, aus. Er soll Zeugnis von dem geben, `was sich unter der gottesdienstlich versammelten Gemeinde begibt: nämlich die Begegnung mit dem gnadenhaft in Wort und Sakrament gegenwärtigen heiligen Gott´.[7]

Sicher ist: Das Wort Kirche hat griechische Wurzeln und bedeutet „Haus des Herrn". Katholische Kirchen sind Jesus Christus geweiht, evangelische sind ihm – seinem Wort und seiner Gemeinde – gewidmet.

In diesem Haus tritt nun die Bundeswehr auf, in Form eines Militär-Orchesters.

Was ist die Bundeswehr?

Wenn ein Fluss über die Ufer tritt, schleppen Soldaten Sandsäcke. Wenn eine Seuche ausbricht, helfen Soldat*innen in Impf-Zentren. In Afghanistan halfen Soldat*innen Schulgebäude aufzubauen und Wasserleitungen zu verlegen. Alles Tätigkeiten, die auch zivile Kräfte[8] erledigen könnten, wenn man sie finanziell und personell besser ausstatten würde.

---

[7] Handbuch des Staatskirchenrechts der Bundesrepublik Deutschland, zweiter Band, herausgegeben von Joseph Listl und Dietrich Pirson, 2., grundlegend neubearbeitete Auflage, Verlag Duncker & Humblot, Berlin, 2020, Seite 79f. Anmerkung des Verfassers: Es gibt auch Kirchengebäude, die entweiht oder entwidmet wurden. Diese Kirchen dienen nun nicht mehr gottesdienstlichen Zwecken, sondern beispielsweise kulturellen Zwecken. Manche dieser Kirchen haben dennoch ihre „heilige" Atmosphäre bewahrt.
[8] Die deutschlandweite Initiative „Sicherheit neu denken" möchte die Bundeswehr zu so etwas wie einem international einsatzfähigen „Technischen Hilfswerk" umbauen, und zu gewaltfreien Konfliktlösungs-Einheiten.

Die Kernkompetenz des Militärs ist jedoch der Einsatz von Kriegswaffen. Dazu gehört das Üben mit Kriegswaffen und das Drohen mit dem Einsatz derselben, also die Abschreckung.

Die Frage lautet nun: Soll man einer Organisation, deren Kernkompetenz die militärische Gewalt ist, erlauben, Image-Werbung in einem Haus zu betreiben, das Jesus Christus gewidmet ist, der militärische Gewalt abgelehnt hat?

Ein weiterer, ähnlicher Gedanke: Die Bundeswehr ist hierarchisch strukturiert. Es gilt das Prinzip von Befehl und Gehorsam, auch wenn Soldat*innen der Bundeswehr das Recht haben, wenn sehr wichtige Gründe vorliegen, die Ausführung eines Befehls abzulehnen.[9]

Die hierarchische Organisation und die Gewaltbereitschaft der Bundeswehr passen schlecht mit der Botschaft Jesu zusammen. Denn sein zentrales Thema war das nahe Gottesreich. Über dieses Thema sprach er in vielen Gleichnissen. In den unteren Schulklassen würde man sagen, es ist ein „Lieblingsthema Jesu". Jeus hat auch entsprechend dieser Reich-Gottes-Botschaft gelebt.[10]

---

[9] Soldatengesetz §11 Pflicht zum Gehorsam: "Der unterstellte Soldat hat die Befehle des Vorgesetzten gewissenhaft zu befolgen, im Dienst und auch außerhalb." § 19 Abs 1 Wehrstrafgesetz: "Wer einen Befehl nicht befolgt und dadurch wenigstens fahrlässig eine schwerwiegende Folge verursacht, wird mit Freiheitsstrafe bis zu drei Jahren bestraft." § 22 Wehrstrafgesetz: "In den Fällen der §§ 19 bis 21 handelt der Untergebene nicht rechtswidrig, wenn der Befehl nicht verbindlich ist, insbesondere wenn er nicht zu dienstlichen Zwecken erteilt ist oder die Menschenwürde verletzt oder wenn durch das Befolgen eine Straftat begangen würde."

[10] Im Neuen Testament erscheint der Begriff βασιλεία τοῦ Θεοῦ (in Umschrift gemäß DIN 31634: basileia tū theū, deutsch: Reich Gottes) an 122 Stellen, davon allein 99-mal in den synoptischen Evangelien, also bei Matthäus, Markus und Lukas. Im Matthäusevangelium wird er häufig ersetzt durch das gleichbedeutende βασιλεία τῶν ουρανῶν (in Umschrift: basileia tōn uranōn, deutsch: Reich der Himmel). Im Vergleich zu diesem „Haupt- und Lieblingsthema Jesu" sind alle andere Themen deutlich sekundär oder späteren Ursprungs, etwa die Lehre von der Dreieinigkeit Gottes oder die Lehre, dass Jesus Christus

Das Gottesreich bricht überall an, wo Menschen miteinander teilen, einander helfen, Außenseiter einladen, Gottes Gegenwart feiern und Gewalt nicht mit Gewalt beantworten. Auch in einer gewalttätigen Umgebung, zum Beispiel im Römischen Reich oder in einem heutigen Imperium[11]. Jesus geht – im Sinne dieser Botschaft – selbstverständlich freundlich auch auf Soldaten zu.

Wie passt die zentrale Botschaft Jesu vom nahen Gottesreich, zu dem die Gewaltfreiheit gehört, mit der Image-Werbung für eine gewaltbereite und gewalttätige Organisation zusammen?

Randthemen

Es gibt Veranstaltungsformen, die öffentlichen Militär-Kirchen-Konzerten in gewisser Weise ähnlich sind: z.b. Militärgottesdienste, Gelöbnisse[12] und Gelöbnisgottesdienste, Soldaten-Wallfahrten, Trauerfeiern für gefallene Soldaten und Große Zapfenstreiche.

Außerdem bundeswehrinterne Militärgottesdienste auf Kriegsschiffen, in Kasernen, im Rahmen von Manövern, in Auslandseinsätzen, dort im Feldlager - bis zu Andachten, die auch in frontnahen Stellungen gefeiert werden. Bei allen diesen militärischen Veranstaltungsformen spielen sowohl Religion als auch Musik eine Rolle.

Bei manchen Militär-Kirchenkonzerten sind die liturgischen und verbalen Elemente ausgeprägt: Begrüßung, Psalm, Gedenken an

---

stellvertretend für unsere Sünden gestorben sei. Diese Lehren stehen jedenfalls nicht im Zentrum dessen, was Jesus Christus gelehrt und gelebt hat. Die Lehre, dass Gott den einzelnen Menschen kennt, segnet und begleitet, ist abgeleitet aus der Reich-Gottes-Botschaft.

[11] Renate Wind, Christsein im Imperium: Jesusnachfolge als Vision einer anderen Welt, 208 Seiten, Gütersloher Verlag, 2016

[12] Nach § 9 - Soldatengesetz (SG) gibt es zwei Stufen: Soldaten, die freiwillig Wehrdienst leisten, und Soldaten, die „Wehrdienst nach Maßgabe des Wehrpflichtgesetzes" leisten, sprechen ein Gelöbnis. Im Unterschied dazu sprechen Berufssoldaten einen Eid, ähnlich dem Beamteneid.

gefallene Soldaten und an Soldat*innen im Auslandseinsatz, Erläuterung des Spendenzwecks, ausführliche Abkündigungen[13], Segen oder segensähnliche Worte. In solchen Fällen kommt dieses Militärkonzert einem evangelischen Gottesdienst oder einer katholischen „Wort-Gottes-Feier" recht nahe.

---

[13] Abkündigungen (kircheninternes Wort) sind Bekanntmachungen und Einladungen zu Veranstaltungen.

I. Empirisch, wissenschaftlich

Hier beginnt der erste Hauptteil von den insgesamt drei Hauptteilen dieses Buches: (I.) Empirisch, wissenschaftlich, (II.) Theologisch, kirchlich, biblisch und (III.) Erfahrungen und Proteste.

Orte, Kosten, Repertoire, Hausrecht, Geschichte und Ähnlichkeiten

von Rainer Schmid

In diesem Kapitel wird das Phänomen „Militär-Kirchenkonzerte" beschrieben: das Repertoire, die Kosten, die Ausbildung, die Dienstgrade, die Befehlsstruktur, die Veranstaltungs-Orte, das Hausrecht, die Ähnlichkeiten von Musik und Religion, sowie die Geschichte der Militär-Kirchenkonzerte.

(a.) Das Repertoire: kirchliche Stücke

Viele Menschen denken, Militärmusik sei Marschmusik. Das stimmt nicht ganz. Märsche gehören zwar zum Kern-Repertoire der Militärmusikkorps, aber Militärmusiker*innen spielen auch klassische Musik, Volksmusik, Jazz, Popmusik und anderes.

Der Begriff „Militärmusik" hängt nicht am Genre, sondern an der Situation. Wenn ein Musikstück, welcher Art auch immer, von Militärmusiker*innen im Dienst vorgetragen wird, spricht man von Militärmusik.

Fünf Beispiele: Das Gebirgsmusikkorps spielt auch alpenländische Heimatmusik. Das „Musikkorps der Bundeswehr" spielt auf dem Festival in Wacken Hardrock-Musik.[14] Am Begrüßungs-abend des Kirchentages 2023 in Nürnberg brachte die Bundes-wehr-BigBand Gospelsongs zu Gehör. Bei kirchlichen Anlässen spielen Militärmusiker*innen gerne das Lied „Von guten Mäch-ten".[15]

Militärmusikkorps spielen meistens bekannte und bewährte Stücke. Die Auswahl der Stücke richtet sich weitgehend nach dem Publikumsgeschmack. Militärmusik-Formationen möchten dem Publikum gefallen und das Publikum begeistern.

Auf den jährlichen Militärmusik-Symposien in Bonn wird immer wieder diskutiert, ob das Repertoire der Militärmusikkorps zu modern oder zu klassisch, zu seicht oder zu ernst sei.

Allgemeine Zustimmung fand auf dem Symposium 2023 die Aus-sage, Militärmusik liefere einen eigenständigen Beitrag zur ge-samten Musiklandschaft.[16]

(b.) Für einen guten Zweck?

Alle Bundeswehr-Konzerte sind Benefizkonzerte. Das heißt, die Musiker*innen werden nicht aus den Spenden oder Eintrittsgel-dern bezahlt, sondern aus dem Verteidigungsetat. Das sind un-gefähr 39.000 Euro pro Konzert.[17]

Das Publikum wird mehrmals aufgefordert – eigentlich unter Druck gesetzt – etwas zu spenden. Am Ausgang kommt man

---

[14] Im Jahr 2015 trat das Militärmusikkorps im Rahmen des „Wacken Open Air" auf. Im Jahr 2020 dann das Nachfolgeprojekt: Das Militärmusikkorps veröf-fentlicht zusammen mit der Heavy-Metal-Band U.D.O. das Album „We are one".

[15] Text: Dietrich Bonhoeffer. Melodie: Siegfried Fietz

[16] Das „Zentrum Militärmusik der Bundeswehr" schreibt in ihrer Einladung zu ihrem Militärmusik-Symposium 2016 folgendes: „Die Militärmusik der Bun-deswehr und ihr Repertoire. Immer wiederkehrend stand und steht das Reper-toire von Militärorchestern in der Diskussion. Den einen war es vom ästheti-schen Anspruch her zu `seicht´, anderen fragwürdiges Imitat `hoher Kunstmusik´ und Dritten als zu eindimensional auf Traditionspflege hin festge-legt." Vollständiger Text hier: https://is.gd/V7mH7Z

[17] Siehe in diesem Buch den Abschnitt „Kosten"

kaum an den Soldat*innen vorbei, die Opferbüchsen in der Hand halten.

Mit den Einnahmen werden kirchliche und soziale Projekte der örtlichen Kirchengemeinde finanziert, oder diakonische bzw. caritative Einrichtungen. Dieser Benefiz-Aspekt wird gerne als Argument für Militärkonzerte herangezogen.

(c.) Die Kosten: 39.750 Euro pro Konzert

In ihrer Antwort auf eine „Kleine Anfrage" beziffert die Bundesregierung[18] die Sachkosten der Militärmusik im Jahr 2019 auf rund 11,2 Millionen Euro. Darin waren die Personalkosten nicht enthalten.

Deshalb hier eine Schätzung der Personalkosten: Im Militärmusikdienst der Bundeswehr einschließlich dem „Zentrum für Militärmusik der Bundeswehr" arbeiten 850 Soldat*innen.

Zusätzlich hat jedes Militärmusikkorps eine zivile Schreibkraft und zwei zivile Kraftfahrer*innen.

Das wären also 15 Militärmusikkorps x 3 zivile Arbeitskräfte = 45 zivile Arbeitskräfte.

Im „Zentrum für Militärmusik der Bundeswehr" in Bonn arbeiten zusätzlich zu den Soldat*innen ungefähr 20 zivile Kräfte.

Militärmusikkorps nutzen die Infrastruktur von Kasernen: Kantine, Wachdienst, Sanitätsdienst, Feldpostdienst, Militärseelsorge, Freizeitbereich, Reinigungsdienst und so weiter. Diese Infrastruktur ist mit Personalkosten verbunden.

---

[18] Antwort der Bundesregierung auf die Kleine Anfrage der Abgeordneten Tobias Pflüger, Kathrin Vogler, Doris Achelwilm, weiterer Abgeordneter und der Fraktion DIE LINKE – Drucksache 19/14590, vom 19.11.2019 – Kosten der Militärmusik der Bundeswehr.

Militärmusiker*innen im Dienst	850
Militärmusiker*innen im Ruhestand sowie deren hinterbliebene Angehörige. Auch hier fallen Krankheits- und Pflegekosten an.	100
Schreibkräfte und Fahrer*innen	45
Zivile Kräfte im ZMilMusBw	20
Anteil an den zivilen Arbeitskräften, die im Bereich der Versorgung in den Kasernen arbeiten	35
Summe	**1.050**

Musik-Soldat*innen verdienen nach Gehaltstabelle[19]: von A7 (Fähnrich) bis A14 (Oberstleutnant). Das Gehalt richtet sich auch nach dem Dienstalter, dem Familienstand und der Anzahl der Kinder.

Soldaten arbeiten in einem beamtenähnlichen Verhältnis; sie bezahlen nichts in die Rentenkasse, sondern werden im Ruhestand direkt vom Staat bezahlt.

Zwischenbemerkung: Man kommt bei der Berechnung der Kosten eines Militär-Kirchenkonzertes nur mit wagemutigen Schätzungen weiter.[20]

Grob geschätzt sind es im Durchschnitt ungefähr 60.000 Euro[21] im Jahr. Das sind jene Kosten, die der Staat pro Person bezahlen muss, inklusive Versicherungen.

---

[19] Gehaltstabelle im Anhang.

[20] Wer die Kosten besser schätzen kann, möge sich melden. Dann stehen in der nächsten Auflage dieses Buches die verbesserten Zahlen.

[21] "Durchschnittlicher Bruttomonatsverdienst von vollzeitbeschäftigten Arbeitnehmern in Deutschland von 1991 bis 2023" - "Im Jahr 2023... 4.479 Euro" (https://de.statista.com vom 03.06.2024). Die zusätzlichen 521 Euro sind Sonderzahlungen der Bundeswehr an die Soldat*innen, grob geschätzt. 12 Monate x 5.000 Euro = 60.000 Euro.

1.050 Personen x 60.000 Euro = 63 Millionen Euro/Jahr

Somit betragen die Gesamtkosten des Militärmusikdienstes der Bundeswehr, einschließlich Sach- und Personalkosten circa 74,2 Millionen Euro pro Jahr:

Sachkosten 11,2 Mio

Personalkosten   *63,0 Mio*

Summe   **74,2 Mio**

Laut Bundeswehr-Website absolvieren die Militärmusikkorps rund 1.900 Auftritte im Jahr, ein Teil davon öffentlich, ein anderer Teil bundeswehrintern.

74,2 Mio Euro / 1.900 Auftritte = circa 39.*000* Euro

Dies sind die staatlichen Kosten pro Auftritt, grob geschätzt, durchschnittlich.

Dazu kommen jene Kosten, die auf Seiten der Kirche entstehen: das Heizen des Kirchenraumes, die Reinigung der Kirche, die Beleuchtung, die Blumen auf dem Altar, die Gebäude-Renovierungskosten, das Gehalt des anwesenden Gemeindepfarrers, das Gehalt einer kirchlichen Hilfsperson[22]. Schätzung: von Seiten der Kirche kostet jedes Militärkonzert ungefähr 750 Euro. [23]

Somit kostet ein Kirchen-Militärkonzert im Durchschnitt ungefähr 39.750 Euro.

Inflationsbereinigt entspricht dies ungefähr dem, was die ZEIT im Jahr 2005 schrieb: Ein Auftritt der BigBand-Bw kostet 32.000 Euro.[24] Jedenfalls stimmt die Größenordnung.

---

[22] Süddeutschland: Mesner*in, Norddeutschland Küster*in
[23] Berechnet wurde das Arbeitgeber-Brutto-Gehalt einer Pfarrperson und einer kirchlichen Hilfsperson für 2,5 Stunden, dazu die Gebäudeunterhaltung, Kerzen, Blumen und Strom
[24] DIE ZEIT 51/2005 vom 15.12.2005, Feuilleton, Seite 56: "Ab und zu auch mal ein Marsch", 4. Spalte: "Jeder Auftritt der Big Band, der den Steuerzahler

(d.) Die Ausbildung

Die Ausbildung zum Orchestermusiker (Musikfeldwebel) dauert fünf Jahre. Zum Kapellmeister (Musikoffizier) sechs Jahre. Die musikalische Eignungsprüfung findet beim Ausbildungsmusikkorps der Bundeswehr in Hilden (Nordrhein-Westfalen) statt.

Nach der militärischen Eingangsprüfung folgt die dreimonatige militärische Grundausbildung mit einem Schwerpunkt auf den Sanitätsdienst.

Dann folgt das musikfachliche Basismodul in Vorbereitung auf die Eignungsprüfung an der Robert Schumann Hochschule Düsseldorf. Unterricht auf dem Hauptinstrument, Musiktheorie und zusätzlich im Nebenfach Klavier. Dreimonatiger Laufbahnlehrgang an der Sanitätsakademie der Bundeswehr in München.

Dann folgt das musikfachliche Aufbaumodul. Bachelorstudium für Orchesterinstrumente. Studium im gewählten Hauptfach und Orchestermusik sowie das Spielen in Kammermusikensembles.

Darüber hinaus Unterricht in Nebenfächern wie Musiktheorie sowie Musikwissenschaft und die Möglichkeit, aus Kursangeboten zu wählen.

Dann das Mitspielen im Ausbildungsmusikkorps der Bundeswehr bei Proben und Konzerten des sinfonischen Blasorchesters.

Nach der insgesamt fünfjährigen Ausbildung: Arbeit in einem Musikkorps der Bundeswehr.

(e.) Hierarchie

Hierarchie: Der Dirigent eines Musikkorps ist zugleich der Dienstvorgesetzte seiner Militärmusiker*innen. Der Militärmusikdienst der Bundeswehr ist Teil der „Streitkräftebasis". Die

---

32 000 Euro kostet, kostet den Veranstalter, hier die Stadt Kalkar, keinen Cent, sondern lässt noch Geld für gute Zwecke da."

Streitkräftebasis untersteht dem Bundesministerium für Verteidigung.

Selbstverständlich gilt auch im Bereich des Militärmusikdienstes das Soldatengesetz, also auch das Prinzip von Befehl und Gehorsam.

(f.) Orte: nicht nur Kirchen

Im Jahr 2023 gaben die Musikkorps der Bundeswehr in Kirchen 90 Konzerte.[25] Außerdem begleiten Militärmusiker auch Militärwallfahrten und Trauerfeiern für gefallene Soldaten.

- 45 Militärkonzerte im Rahmen evangelischer Gottesdienste in Kirchen.

- 36 Militärkonzerte im Rahmen katholischer Gottesdienste, meistens in Kirchen, darunter zwei Klosterkirchen (Thuine und Beuron) und dem Vorplatz einer Wallfahrtskapelle

- 2 Militärkonzerte im kirchlichen Rahmen an profanen Orten, nämlich am Hambacher Schloss und beim „Abend der Begegnung" des evangelischen Kirchentages auf dem Klarissenplatz in Nürnberg.

- 7 Auftritte in säkularisierten Kirchen, meistens sogenannten Konzertkirchen. Diese Gebäude haben noch die „heilige Atmosphäre" von Kirchen.

Davon fanden statt

- 48 Auftritte in der Advents- und Weihnachtszeit. In normalen Jahren sind es etwas mehr Auftritte im Advent, weil der Advent im Jahr 2023 erst am 3. Dezember begann.

---

[25] Siehe Anhang „Liste der Militärkonzerte". Dort die genaue Begründung und Differenzierung.

- 42 Auftritte im Rest des Jahres. In normalen Jahren sind es aus oben genanntem Grund etwas weniger Auftritte „im Rest des Jahres".

Das heißt, in evangelischen Kirchen finden ungefähr ein Viertel mehr Militärkonzerte statt als in katholischen Kirchen.

Wenn man jedoch die Auftritte im Rahmen katholischer Wallfahrten mitrechnet, gleicht sich das Zahlenverhältnis ungefähr aus. Im Jahre 2023 waren es 12 Militär-Wallfahrten; wobei nicht klar ist, bei welchen Wallfahrten die Militärmusikkorps teilnahmen – und wenn ja, in welcher Besetzung.

(g.) Religion und Musik – erstaunliche Ähnlichkeiten

Religion und Musik sind sich in mancherlei Hinsicht ähnlich:

Beide sind zuerst unsichtbar. Nur in zweiter Linie kann man etwas sehen.[26] Beide sprechen Emotionen an. Beide können „Hochgefühle" auslösen. Religion und Musik fördern das gemeinsame Tun und Denken. Sie regen zur Gemeinschaft an.

Religion und Musik transportieren Sinn, vermitteln Werte, geben Antworten; beispielsweise auf die Frage, warum und wofür man im Krieg kämpft; warum und wofür man leidet.

Religion und Musik können an fast allen Orten und zu fast allen Zeiten praktiziert werden: vor dem Kampf, während des Kampfes und nach dem Sieg. Und um mit dem Tod von Kameraden zurechtzukommen.

Religion und Musik – bei vielen Menschen gibt es beides sowohl im Privatleben als auch am Arbeitsplatz. In beiden Bereichen gibt es Berufe und Ausbildungen. Es gibt Laien, Profis und Zwischenstufen.

Das sind viele Ähnlichkeiten. Werden beide „Mächte" deshalb gerne im Doppelpack eingesetzt?

---

[26] Bei Musik kann man z.B. die Instrumente sehen. In der Religion kann man z.B. die Kirchen sehen.

(h.) Historisch

Wann begannen Menschen, bei bewaffneten Auseinandersetzungen die Götter anzurufen und Musik zu machen?

Im zweiten Jahrtausend vor unserer Zeitrechnung wurde in dem Gebiet, das wir heute „den Norden Pakistans" nennen, folgende Hymne an die Kriegstrommel Dundhubi gesungen:

"Sende deine Stimme laut durch Himmel und Erde, und lass die Welt in ihrer ganzen Weite dich betrachten; Oh Trommel, im Einklang mit den Göttern und Indra[27], treibe du unsere Feinde in die Ferne, ja sehr weit. Donnere die Kraft hinaus und erfülle uns mit Stärke, ja, donnere hinaus und vertreibe alle Gefahren... die Kriegstrommel spricht laut als Signal der Schlacht. Unsere Helden, beflügelt mit Pferden, kommen zusammen. Indra, lass unsere Wagenkrieger siegreich sein.[28]

Und in der Bibel findet sich folgende Erzählung:

So trugen die sieben Priester die sieben Posaunen vor der Lade des HERRN her und bliesen immerfort die Posaunen; und die Kriegsleute gingen vor ihnen her, und das übrige Volk folgte der Lade des HERRN und man blies immerfort die Posaunen... Und beim siebenten Mal, als die Priester die Posaunen bliesen, sprach Josua zum Volk: Macht ein Kriegsgeschrei! Denn der HERR hat euch die Stadt gegeben... Da erhob das Volk ein Kriegsgeschrei und man blies die Posaunen. Und als das Volk den Hall der Posaunen hörte, erhob es ein großes Kriegsgeschrei. Da fiel die Mauer um und das Volk stieg zur Stadt hinauf, ein jeder stracks vor sich hin. So eroberten sie die Stadt und vollstreckten den

---

[27] Indra ist eine vedische, d.h. altindische, Gottheit.
[28] Rig-Veda, Mandala (Liederkreis) VI, Hymne 47, Verse 29b-31. Statt „Kriegstrommel" steht in anderen Übersetzungen „Pauke".

Bann an allem, was in der Stadt war, mit der Schärfe
des Schwerts, an Mann und Weib, Jung und Alt,
Rindern, Schafen und Eseln.[29]

Auch im Römischen Reich gab es die Verbindung von Militär, Musik und Religion. Am Anfang und Ende der jährlichen Kriegs-Saison gab es ein Fest zu Ehren des Kriegsgottes Mars. Die Salier, das waren die Priester des Mars-Kultes, zogen bei diesem Fest in alter Kriegsbekleidung singend und tanzend durch Rom.

Das heißt, sowohl die Musik als auch die Religion – beide „Mächte" zusammen – spielen seit langem im Zusammenhang mit bewaffneten Konflikten eine Rolle.

(i.) Das Hausrecht

Dürfen Soldaten während eines Militär-Kirchen-Konzertes ein Kirchengebäude bewachen? Dürfen Feldjäger[30] störenden Personen den Zutritt verwehren, und eingedrungene Personen aus der Kirche tragen und festnehmen?

Hat das Militär das Hausrecht? Oder die Kirchengemeinde? Wer ist der „Herr" eines Kirchengebäudes? Wessen Geist soll im Kirchenraum wehen?

Bei Militär-Kirchenkonzerten in Großstädten, zum Beispiel in der Münchner Theatinerkirche[31] sind strenge Sicherheitsmaßnahmen üblich. An den Türen wachen Soldaten. Taschen werden kontrolliert. Ähnlich streng ist die Zugangskontrolle bei den traditionellen Militär-Kirchentags-Gottesdiensten[32].

---

[29] Die Bibel, Josua 6,13-21. Entstanden ist dieser Text wahrscheinlich im 6. Jahrhundert vor unserer Zeitrechnung. Nicht im 14. Jahrhundert, wie man früher dachte. Der Gedanke hinter der Vollstreckung des Bann: Die Israeliten wollten die Kriegsbeute nicht selbst behalten, sondern Gott schenken, aus Dankbarkeit für den Sieg.

[30] So werden in der Bundeswehr die Militärpolizisten genannt,

[31] Siehe Erfahrungsbericht im III. Teil dieses Buches.

[32] Militärkonzerte gibt es im Rahmen eines jeden evangelischen Kirchentages, eines jeden Katholikentages und auch im Rahmen eines jeden Ökumenischen Kirchentages.

Es ist aus drei Gründen schwierig, die Frage nach dem Hausrecht zu beantworten.

Erstens gibt es keine staatlichen oder kirchlichen Gesetze oder Verordnungen, in denen explizit Militär-Kirchenkonzerte erwähnt werden.

Zweitens wurde bisher kein Vertrag bekannt. Auf schriftliche Vereinbarungen wird offenbar verzichtet. Man geht selbstverständlich davon aus, dass Soldat*innen während des Konzertes das Hausrecht ausüben.

Drittens gibt es in den einzelnen Landeskirchen und der katholischen Kirche verschiedene Ordnungen. Die Evangelische Kirche in Deutschland (EKD) ist ein Dachverband von 20 eigenständigen lutherischen, unierten und reformierten Kirchen.

Hier die Auskunft von Prof. Dr. Horst Junginger, Religionswissenschaftliches Institut, Leipzig:

„Das Hausrecht in der Kirche hat der Pfarrer und in seiner Abwesenheit der Hausmeister [Mesner/Küster, Anm. RS]. Beide können Hausverbote aussprechen, wenn sich jemand nicht adäquat verhält, etwa den Gottesdienst stört. Doch weil die Kirchen nach geltendem Recht ihre Angelegenheiten selbstbestimmt regeln, können sie dieses Recht nicht bei staatlichen Gerichten einklagen... Im zweiten Band des Handbuchs des Staatskirchenrechts der Bundesrepublik Deutschland ist Abschnitt VII (§§ 38-47) den Kirchengebäuden und Friedhöfen gewidmet.

In der Ökumenischen Initiative zur Abschaffung bzw. Reform der Militärseelsorge wurde das von Ihnen angeschnittene Problem 2013 ausführlich diskutiert:[33] Militär bekommt bei Trauerfeiern das Hausrecht der Kirche. Bei Beerdigungen von im Ausland gefallenen Soldaten wird das Hausrecht i.d.R. von der Kirchengemeinde auf die Bundeswehr übertragen. Ob sich der Kirchengemeinderat den Empfehlungen (Anweisungen) des

---

[33] https://www.militaerseelsorge-abschaffen.de/texte/hausrecht-in-der-kirche/

Militärbischofs[34] *widersetzen kann und ob sich in den letzten zehn Jahren etwas juristisch geändert hat, vermag ich nicht zu beurteilen...*

Jedenfalls ein sehr spannendes Thema. Das kirchliche Hausrecht an die Feldjäger der Bundeswehr zu übertragen, ist schon ziemlich grenzwertig und führt zu Konsequenzen, die man nicht ohne weiteres akzeptieren sollte."

Wie Junginger in dieser Auskunft sagt, gibt es eine Analogie zur Frage des Hausrechts bei Trauerfeiern für gefallene Soldaten. Wer hat das Hausrecht, wenn solche Trauerfeiern in einer Kirche stattfinden? Die Kirche oder das Militär?

Zu dieser Frage gibt es mehrere Gutachten, offizielle Schreiben und Presseberichte aus den Jahren 2013 und 2024, unter anderem (a.) das gemeinsame Schreiben[35] des evangelischen Militärbischofs Martin Dutzmann und der Evangelisch-Lutherischen Kirche Hannovers, (b.) das Schreiben[36] der Evangelischen Landeskirche Württemberg an die Sprecher der „Evangelischen Arbeitsgemeinschaft für KDV und Friedensarbeit" und am ausführlichsten (c.) das Gutachten[37] des „Kirchenrechtlichen Instituts der Evangelischen Kirche in Deutschland" in Göttingen.

Das Hannoverische Dokument empfiehlt – es klingt sehr nach einer Anweisung – dass die Kirchengemeinde der Bundeswehr das Hausrecht übertragen soll. Dieses Dokument wurde unter anderem vom Dietrich-Bonhoeffer-Verein heftig kritisiert.

---

[34] Zu finden als pdf-Download auf der Website, deren Link in der vorangehenden Fußnote steht.
[35] Das gemeinsame Schreiben vom 16. 05.2013, die dazu gehörende „Klarstellung" vom 17.06.2013. Verfasser von Seiten der Landeskirche: Arend de Vries, Geistlicher Vizepräsident.
[36] Schreiben der Evangelischen Landeskirche Württemberg, Dr. Frank Zeeb (Rechtsabteilung), an die Sprecher der „Evang. Arbeitsgemeinschaft für KDV und Friedensarbeit" (EAK) Aktenzeichen 51.600 Nr. 137/1.1 vom 6. März 2014 "Kanzel- und Hausrecht bei Bestattungen mit Beteiligung der Militärseelsorge"
[37] Das EKD-Gutachten vom 24.10.2013 wurde von Prof. Dr. Hans Michael Heinig verfasst.

Dagegen betonen das EKD-Gutachten und das württembergische Dokument, dass der örtliche Kirchengemeinderat[38] nach sorgfältiger Abwägung aller Argumente frei entscheiden darf:

„Das [EKD-] Gutachten anerkennt, dass es sich hier um einen kirchenpolitisch, religionsverfassungsrechtlich und theologisch hochsensiblen Bereich handelt. Die Kirchengemeinderäte der Kirchengemeinden unserer Landeskirche sind aber letzten Endes frei in ihrer Entscheidung, ob sie das Hausrecht vollständig an Dritte übertragen oder teilweise abtreten wollen, ob sie dies überhaupt tun wollen oder ob sie eine vertragliche Regelung z.B. mit den Feldjägern abschließen möchten. Für alle Entscheidungen stellt das Gutachten sehr stark auf die Umstände des Einzelfalles ab... Auch wenn der KGR die Übertragung des Hausrechtes ablehnt, haben die Feldjäger der Bundeswehr ein so genanntes `Jedermannsrecht", das heißt sie dürfen im Störungsfall ebenso eingreifen wie z.B. die Polizei oder jeder Anwesende."[39]

Musiker gegen die Auftritte der Militärmusik-Kapellen und Militär-Orchester

www.musiker-gegen-militaermusik.de

---

[38] In anderen Landeskirchen werden entsprechende Gremien „Presbyterium" oder „Gemeindekirchenrat" genannt.
[39] Zitat aus dem württembergischen Dokument

Okkupation.
Bundeswehr-Konzerte in Kirchen[40]

Von Hanns-Werner Heister

In der alten Bundesrepublik Deutschland war das Militär wenig angesehen. Zu nah waren zunächst noch die Schrecken von Krieg und Nazismus, zu viele Nazis hatten dann in der neugegründeten „Bundeswehr" ihre Karriere fast bruchlos fortgesetzt, und auch musikalisch war der militärische Marsch zu sehr mit diesem Kontext verknüpft, sodass besonders die jüngeren Generationen oft Jazz oder Chanson, Rock 'n' Roll, später Pop von Punk bis Rap vorzogen. (Die Bigbands der US Army als Teilstreitmacht der „Re-Education" dürften mit ihrer jazznahen Musik etwas populärer gewesen sein.) Und trotz der Kontinuität auch des Anti-Kommunismus als Bestandteil des herrschenden Weltbilds war der Glaube daran, dass „die Russen" in West-Deutschland einmarschieren würden, im Wesentlichen nur so weit zu propagieren, dass die atomare Abschreckung legitimiert schien und ebenso eine bewaffnete wehrhafte Macht, die für ihren verfassungsmäßigen Auftrag (Artikel 87a Absatz 2, GG), die Verteidigung des Landes, bereitstand. Dafür blieb sie in den Kasernen und auf ihren Übungsplätzen, wo sie auch heute hingehört. Sichtbar wurde sie vor allem durch die nicht ganz seltenen Skandale, von Rekrutenschindereien mit Todesfolge bis zu den Abstürzen der „Sternenkämpfer"-Jagdflugzeuge. Unhörbar war sie freilich nicht. Zahl wie Auftritte der diversen Kapellen vermehrten sich seit Gründung der Bundeswehr. Heute: „Der Militärmusikdienst verfügt über 18 Klangkörper, die in struktureller Zuordnung zur Truppe gleichmäßig über die Gesamtfläche der Bundesrepublik Deutschland verteilt sind und jährlich über 3000

---

[40] Dieser Text wurde im Jahr 2014 geschrieben, ist im Grunde aber weiterhin aktuell.

Einsätze durchführen."[41] Die zentrale „Bigband der Bundeswehr" wurde erst 1971 gegründet. Der ehemalige Bundeskanzler Schmidt wünschte sich einen "modernen Sound für eine moderne Armee"[42].

Mit Musik zur Militarisierung des Alltags

Nach der Ausdehnung des Westens Richtung Osten durch den Sieg im Kalten Krieg änderte sich am mäßigen Image der Bundeswehr. Heute ist zwar der Kalte Krieg gewonnen, nicht aber die Mehrheit der Bevölkerung für den Krieg, trotz massiver ideologisch-politischer medialer bis präsidialer Propaganda. Die „Menschen draußen im Lande", wie PolitikerInnen sie leicht abfällig nennen, haben mindestens eine Ahnung, dass sie von Krieg wenig zu gewinnen haben. Davon ausgenommen sind einige wenige Übermenschen und Obertanen, also zumal EigentümerInnen und ManagerInnen der Rüstungskonzerne und ihrer Zulieferer, an der Sicherung billiger Rohstoffe Interessierte und andere mehr, die schreibenden, malenden, musizierenden ZulieferInnen eingerechnet. (Das sind zwar wenige Menschen, aber viel Geld und Macht.)

Etwas hat sich seit dem Anschluss des Ostens aber doch geändert. Von der vergrößerten Bundesrepublik Deutschland geht statt „Nie wieder!" wieder Krieg aus.

Dementsprechend drängt die Bundeswehr immer massiver an die Öffentlichkeit, sichtbar und hörbar. Die Militarisierung des Alltags hat zwar noch längst nicht wieder das Niveau des Wilhelminischen Reichs erreicht, wo alle Tage Militär mit oder ohne Musik aufmarschierte. Aber jeder Parademarsch auf der Straße ist einer zu viel, und desgleichen jedes Militärorchesterkonzert in der Kirche. Und diese Militarisierung ist bedenklich und gefährlich, zumal angesichts der seit 2014 allgegenwärtigen

---

[41] So der Stand am 11.11.2014. Diese Zahlen ändern sich alle paar Jahre. Im Herbst 2023 sind es 15 Militärmusikkorps, die laut Bundeswehr-Website 1.900 Auftritte im Jahr absolvieren.
[42] Zitiert nach Wikipedia-Artikel „Big Band der Bundeswehr" (Stand: 31.08.2023).

offenen Kriegspropaganda. Gerade noch rechtzeitig zum Jubiläum des 1. Weltkriegs kam der Propagandafeldzug gegen Russland, in dem sich ältere geopolitische und neuere antikommunistische Motive gegenseitig aufschaukeln. (Der geradezu als Hitler- und Stalin-Reinkarnation dämonisierte Putin passt in diese Passepartouts.)

„Menschen mögen die Musik der Bundeswehr"

„Die Musik ist wichtig für die Bundeswehr. Die Musik gibt den Soldaten das Gefühl: Wir gehören zusammen. Die Musik ist wichtig, wenn Präsidenten aus anderen Ländern Deutschland besuchen. Sie werden dann mit Musik begrüßt. Viele Menschen mögen die Musik der Bundeswehr: Auch in anderen Ländern. Darum macht die Bundeswehr oft Konzerte. Das hilft auch, damit die Menschen die Bundeswehr gut finden... Bei der Bundeswehr gibt es verschiedene Musik-Gruppen. Sie machen sehr verschiedene Musik: Marsch-Musik, Klassische Musik, Film-Musik, Pop-Musik."[43]

Schon diese Werbeworte bündeln einige der angestrebten Zwecke. Mit gutem Grund behaupten sie nicht, dass Menschen die Bundeswehr „mögen", sondern nur deren Musik. Dank dieser aber mögen sie doch dann auch die Institution selber „gut finden". Das ist nicht unrealistisch. Denn ähnlich wie beim privatwirtschaftlichen Sponsoring von Musikveranstaltungen usw. und generell bei Musik im Dunstkreis und im Dienst fragwürdiger Macht, entsteht eine Art Transfer- und Halo-Effekt[44]: Die schöne Musik strahlt aus auf das damit assoziierte Nicht-Schöne und lässt es in freundlichem, mildem Licht erscheinen. Bei Bundeswehr-Musik in Kirchen kommt noch ein spezieller Halo hinzu, der Heiligenschein der höheren Weihen und Mächte.

Tatsächlich jedoch ist die Verknüpfung von Militärwerbung, Musik und Gottesdienst doch eher scheinheilig. Hier ist die Kritik

---

43 Eigenwerbung in einfacher Sprache, www.streitkraeftebasis.de/portal/a/streitkraeftebasis (Stand: 19.02.2014)
44 Halo-Effekt, gesprochen [ˈheɪloʊ ɛˈfɛkt], von englisch halo „Heiligenschein"

vom christlichen Standpunkt eindeutig: „Es war und ist zu jeder Zeit unchristlich, im Namen Jesu kriegerische Handlungen durchzuführen, zu unterstützen oder zu billigen… Eine Meinung als christlich darzustellen, obwohl sie nicht auf Jesus zurückgeht, ist wissenschaftlich unsachlich, moralisch unwahrhaftig, religiös ein Frevel und soziologisch und politisch Demagogie."[45]

„Ich bete an die Macht der Liebe". Die Militarisierung des Alltags

Die militärmusikalische Unterwanderung der Gottesdienste geschieht weitgehend „gewaltfrei". Das macht Kritik schwieriger. Überdies können Protestierende der objektiven Provokation der Bundeswehr keine eigenen Provokationen entgegensetzen. Denn dies würde bei den jeweiligen Gemeinden nur Empörung über die Kritisierenden statt über das zu Kritisierende hervorrufen. Mit erheblichem Gewaltaufwand gegen Protestierende wird dagegen vor allem die Abhaltung öffentlicher Gelöbnisse durchgesetzt, bei denen die sakrale Komponente samt „Helm ab zum Gebet!" unüberhörbar ist. Zugleich dienen solche Einsätze im Innern, an denen nicht nur die Polizei, sondern auch die berüchtigten „Feldjäger" beteiligt sind, dem Training wie der Legitimation für ursprünglich verfassungswidrige Einsätze der Armee gegen die eigene Bevölkerung 'drinnen im Land'. Ohnedies bezeichnet Markus Euskirchen in seiner bemerkens- und lesenswerten Dissertation „Militärrituale. Die Ästhetik der Staatsgewalt. Kritik und Analyse eines Herrschaftsinstruments in seinem historisch-systematischen Kontext" (Berlin 2004)[46] diese Rituale „als System kultureller Gewalt".

Der gewaltfreie propagandistische Aufwand ist noch größer. Reden einschließlich Bundespräsidentenreden von einem ehemaligen Pfarrer und richtige Kanzelreden mögen für sich genommen gratis und umsonst sein. Reklame in Presse, Radio und

---

[45] Bernhard Willner: Thesen zur Frage: Kann ein Christ Soldat sein? (2013-07), https://www.militaerseelsorge-abschaffen.de/texte/willner-soldat-sein/ (31.08.2023)
[46] https://refubium.fu-berlin.de/handle/fub188/1612 (31.08.2023)

Fernsehen ist es nicht. Von den Mitteln für Rüstungsforschung reden wir hier nicht weiter. Allein für Nachwuchswerbung waren es 2013 29,985 Millionen Euro (Neue Rheinische Zeitung, 04.06.2014). Und für Jugendmarketing – das sind unter anderem Abenteuer- und Actionformate – wurden 2,1 Millionen Euro ausgegeben. Hinzu kommen weitere Ausgaben für Truppenbesuche, Informationsmaterial, Teilnahme an Ausstellungen und Messen, Girls´Day, Propaganda an Schulen und Kooperationen mit Verbänden. Insgesamt waren es etwa 1500 einschlägige Veranstaltungen. Mindestens 90 davon sind nach einer Schätzung von Rainer Schmid jährlich Konzerte in evangelischen und katholischen Kirchen.

Der „Große Zapfenstreich" ist ein anderer Anlass. Diese höchste Form der militärischen Ehrenbezeugung wird nur zu besonderen Anlässen aufgeführt, z.b. bei der Verabschiedung von Bundespräsidenten, Bundeskanzlern und Bundesverteidigungsministern. Hier dürfen im Rahmen des von einem Stabsoffizier geleiteten Rituals bei der die Musikliturgie einleitenden „Serenade" ergänzend auch individuelle Wünsche geäußert werden. Der ehemalige Bundeskanzler Gerhard Schröder z.b. wünschte sich 2005 Frank Sinatras „My Way", der ehemalige Bundesminister der Verteidigung Karl-Theodor zu Guttenberg 2011 „Smoke on the Water" (1972) von Deep Purple. Mann ist also einigermaßen up-to-date, die Bundeswehr steht zwar Gewehr bei Fuß, liefert jedoch nicht nur Märsche, sondern auch flotte Pop-Musik. Letzteres ist ein bedenkenswertes Symptom für das Einsickern einer unkriegerischen Gesinnung nun sogar auch bei staatstragenden und militärnahen Personen.

Weder dem Choraltext beim „Großen Zapfenstreich" noch der Vertonung lässt sich vorwerfen, sie seien modern und flott. Die Melodie komponierte Dmytri Bortniansky 1822 auf den pietistisch durchtränkten Text von Gerhard Tersteegen (1697-1769), der zitierenswert ist. Er beginnt:

Ich bete an die Macht der Liebe,
Die sich in Jesu offenbart;

Ich geb' mich hin dem freien Triebe,
Wodurch ich Wurm geliebet ward;

Die Liebe ist hier keine „Himmelsmacht", wie sie im Duett „Wer uns getraut" der Zigeunerbaron besingt, sondern die Macht des Herrn der himmlischen Heerscharen und seines Sohns. Durch den Einbau in den Zapfenstreich werden sie dann auch noch entgegen genuin christlichen Friedensintentionen für den Kriegsdienst angeheuert.

Militarisierung kirchlicher Feste

Die Militarisierung des Alltags durch dergleichen militärische Festtage wird ergänzt durch die Militarisierung kirchlicher Festzeiten (z.B. Advent) mittels Militärkonzerten in Kirchen.

Das Bündnis zwischen Tempel und Palast, Thron und Altar, Kirche und Staat reicht weit zurück, bis in die Anfänge der Gesellschaften, die wir heute mit Erlaubnis der FAZ wieder Klassengesellschaften nennen dürfen. Musik war immer mit dabei (so, wie Religion eben auch), wenn es galt, Herrschaft zu verschönern, historisch notwendige wie mehr noch historisch überholte, und damit auch Gewalt und Krieg. Schon immer steht Militärmusik vor allem außerhalb der unmittelbaren Kriegsfunktionen[47] in dieser Tradition. Diese Funktion der Verschönerung oder auch Beschönigung kann Musik besonders gut übernehmen, weil sie selbst eben schön und harmonisch ist. Denn Harmonisierung voneinander widerstreitenden Interessen und von Konflikten, imaginär-reale Versöhnung von gesellschaftlichen Widersprüchen (die real bestehen bleiben), generell durchaus reale Versöhnung durch gemeinsames Tun (wozu auch Hören gehört) ist eine anthropologische Grundfunktion von Musik. Die Bundeswehr nimmt wie andere Institutionen, die Kirchen eingeschlossen, diese allgemeinen Musik-Funktionen für spezielle Zwecke in Dienst.

---

[47] Eine unmittelbare Kriegsfunktion war z.B. das Blasen zur Attacke.

Das sind nun nicht immer die besten, und manche laufen auf das Gegenteil realer friedlicher Konfliktlösung hinaus.

Die Bundeswehr nützt hier also den guten Ruf der Musik, um ihren unguten Ruf aufzubessern. Und das nicht ganz ohne Erfolg: Musik ist ja so schön und bleibt das, selbst wenn sie von Ensembles oder Orchestern einer Tötungs-Institution gespielt wird.

In diesen Kontext eingebettet ist die bereits erwähnte Werbung und Imagepflege für die Bundeswehr mittels Konzerten in Kirchen. Manche mögen's musikalisch, viel mehr jedenfalls als die, die die Bundeswehr „mögen". Die Unterwanderung fällt umso leichter, da die Bundeswehr mit Gratiskonzerten aufwarten kann. Denn bekanntlich wird sie ja samt Musik sowieso aus dem Staatshaushalt finanziert. Ein Kirchen-Konzert kostet also nichts, außer den guten Ruf der jeweiligen Kirchengemeinde. Es kann sogar noch etwas einbringen. Denn das Werben fürs Töten durch musikalische Wohlfühltätigkeit der Waffenbrüder und -schwestern wird überdies noch überhöht dadurch, dass viele Konzerte, nicht nur in Kirchen, Wohltätigkeitsveranstaltungen sind.

Das ergibt dann, wieder ähnlich wie beim privatwirtschaftlichen Sponsoring, eine spezielle Art des erwähnten Heiligenscheins. In der Vorweihnachts- und Weihnachtszeit häufen sich auch diese Art Kirchenkonzerte. So brachte z.b. ein Adventskonzert in der evangelischen Stadtkirche Ellwangen am 03.12.2013 „ein hervorragendes Spendenergebnis von 3.010 €." Die Summe soll für eine neue Orgel verwendet werden.[48] Das Geld würde z.b. immerhin für 30 Pfeifen Zinn 52 % Oktavbass 8´ C-g´´´ Mensur: C 150 mm reichen.[49] Da das preiswerte Angebot von 2 980 € aber aus Tschechien kommt, müsste die Gemeinde wohl zu den verbleibenden 30 € noch etwas fürs Porto drauflegen.

---

[48] Schwäbische Post, 10.12.2013
[49] www.orgelteile.cz/de/preisliste/ (Abruf: 12.11.2014)

Vor lauter Begeisterung wird freilich hier vergessen, dass die Bundeswehr nur ihre sowieso vorhandenen Arbeitskräfte und die Sachkosten „spendet", die ja irgendwie amortisiert werden, sonst aber nichts. Das wohltätige Geld kommt vom Kirchen-/Konzertpublikum, ist also eine verdeckte Form des Eintrittsgeldes.

Militarisierung der Religion

Die Initiative „Musiker gegen Militärmusik" argumentiert gegen den 2014 in der Dresdner Frauenkirche gefeierten Militär-Gottesdienst:

„Die Bundeswehr möchte gerne ihr Image aufpolieren, indem sie einen musikalischen Gottesdienst in einer wichtigen Kirche feiert. Dies passt nicht mit dem HERRN der Kirche zusammen. Es passt nicht mit Jesus Christus zusammen, der die gewaltfreie Austragung von Konflikten gelebt und gepredigt hat. Die Kirche soll nicht nur an Weihnachten vom Frieden reden, sondern auch im Alltag alles für die friedliche Austragung von Konflikten und das friedliche Zusammenleben der Völker tun."[50]

Neben theologischen gibt es auch verfassungs- und kirchenrechtliche Argumente gegen dergleichen Konzerte. Die verfassungskonforme Trennung von Kirche und Staat wird hier nicht generell beseitigt, aber doch zeitweise und örtlich. Denn oft lädt die Bundeswehr nicht nur ein, sondern nimmt überdies noch das Hausrecht für die Kirche in Anspruch. Die betreffende Kirchengemeinde ist quasi gezwungen, ihr Hausrecht für die Dauer einer Zeremonie „freiwillig" an die Bundeswehr abzugeben. Feldjäger kontrollieren den Eingang der Kirche. Sie entfernen dann z.B. Menschen, die Musik mögen, aber nicht die Bundeswehr.

Über die transitorische Berechtigung der Bundeswehr in der Welt zumindest als Institution der Landesverteidigung, wie sie nun einmal derzeit ist, soll hier nicht gerechtet werden. Die

---

[50] https://musiker-gegen-militaermusik.jimdofree.com/in-kirchen/frauenkirche-dresden/unser-klares-nein/ (31.08.2023)

Militarisierung der Religion, der Bildung, der Politik dient dieser Verteidigung nicht. Jedenfalls gilt es, für einen Zustand zu kämpfen, in dem die Bundeswehr nicht mehr nötig ist. Dem könnten sogar vernünftige SoldatInnen zustimmen. Manche tun es tatsächlich.

„Thron und Altar", Te Deum

Angesichts der Realtendenzen zum Ausbau statt Abbau der Militärseelsorge und anderer liturgischer Begleitmusik zum Werben fürs Töten sei hier an ein Gedicht zum Krieg von 1870/71 erinnert.

Der sozialdemokratische naturalistische Dichter Karl Henckell (1864–1929)[51] hat sein Te Deum „Der edlen Bekämpferin des Massenmordes, Bertha von Suttner, gewidmet." Diese, 1843 geboren und 1914 gestorben, war eine der bedeutendsten Vorkämpferinnen der bürgerlichen Friedensbewegung. Ihr Roman „Die Waffen nieder. Eine Lebensgeschichte" war damals viel gelesen.

Der Hymnus Te Deum laudamus (Herr Gott, Dich loben wir), der sogenannte „Ambrosianische Lobgesang", datiert wohl auf das Ende des 4. nachchristlichen Jahrhunderts. Er war bis an die Schwelle der Gegenwart eine liturgisch-militärisch-politisch-musikalische Allzweckwaffe. Sein Gesang bzw. seine Aufführung diente vor wie nach der Schlacht, bei Sieges- oder Friedensfeiern.

Te Deum! Trommeln thronen den Altar.
Die Bibel offen. Feldprobst im Talar.
Die schwachen Bataillone rund rangiert.
"Helm in die Hand!" Der Hauptmann
kommandiert.
Der Feldprobst räuspert sich: "O du da droben,
Lass deinen unerforschten Ratschluss loben!
Der heil'gen Sache hast du Sieg gewährt

---

[51] www.musiker-gegen-militaermusik.de „unser-klares-nein"

Und deinen Willen wunderbar erklärt. [...]
Die Mannschaft singt: "Herr Gott, dich loben wir!"
— "Helm auf!" — Die Leute rücken ins Quartier...[52]

Ein neueres 'Denk mal!' für das alte Bündnis von „Thron und Altar" ist der „Tag von Potsdam" am 21.3.1935. Die Vereinigung von alten und neuen Mächten symbolisierte der Handschlag samt Verbeugung des zivil gekleideten Hitler mit dem uniformierten Hindenburg. Ein Festakt und Gottesdienst in der Garnisonskirche ergänzten das sakralisierend. Diese Garnisonskirche soll ja heute wieder restauriert werden. Auch das ist ein Symbol.

Symbolisch wie praktisch ebenfalls in die falsche Richtung weist, dass das Amt des Militärbischofs gestärkt wird. Der Rat der Evangelischen Kirche in Deutschland beschloss im September 2014: »In den vergangenen Jahren ist deutlich geworden, dass das Amt des Militärbischofs in nebenamtlicher Wahrnehmung den Herausforderungen nicht mehr in der Weise gerecht werden kann, die wir als notwendig erachten.«[53] Daher wurde das Amt des Militärbischofs ein „Hauptamt" – wenige Tage nach dem Weltfriedenstag. Dergleichen Bündnisse von Kirche und Bundeswehr, Christentum und Krieg samt der Indienstnahme von (religiöser, kirchlicher und anderer) Musik für militärische Zwecke in der nichtkirchlichen und kirchlichen Öffentlichkeit dienen der Militarisierung von Alltagsleben und Feiertag. Dagegen wenden sich nicht nur, aber gerade auch christliche KriegsgegnerInnen mit der Parole „Kein Werben fürs Töten und Sterben!"

Schlussfolgerung: Die Bundeswehr hat in den Kirchen nichts verloren. Umgekehrt haben die Kirchen in der Bundeswehr nichts zu suchen.

---

[52] Karl Henckell (1864 - 1929) Gesammelte Werke, Band 2, zitiert nach https://www.textarchiv.com/karl-henckell/te-deum. Der Text ist dem bekannten Kirchenlied „Te Deum" (4. Jh.) nachempfunden. Vollständiger Text, siehe Anhang
[53] Zitiert nach Junge Welt, Berlin, 08.09.2014, Seite 8

Über militärmusikalische Staatsraison: Bundeswehrkonzerte in Kirchen.

Von Markus Euskirchen

Die Stadt Frankenberg veröffentlichte zu diesem Foto[54] den folgenden Text:

13.12.2018 - Adventskonzert – Bundeswehr spielt in St. Ägidienkirche in Frankenberg

Die Panzergrenadierbrigade 37 hat mit ihrem 24. Adventskonzert in der Frankenberger St. Ägidienkirche eine Tradition fortgesetzt, auf die viele Frankenberger in der Vorweihnachtszeit nicht mehr verzichten mögen. Unter der Leitung von Major Tobias Wunderle spielte am

---

[54] Bildquelle: Homepage der Stadt Frankenberg, www.frankenberg-sachsen.de. Die Aegidien-Kirche ist eine evangelisch-lutherische Kirche. Frankenberg liegt in Sachsen, zwischen Chemnitz und Dresden.

11. Dezember das Luftwaffenmusikkorps aus Erfurt. [...] Oberst Gunnar Brügner, Kommandeur der [in Frankenberg stationierten; ME] Panzergrenadierbrigade 37 "Freistaat Sachsen", dankte allen Anwesenden für das „wie immer zahlreiche Erscheinen und die Verbundenheit, die damit zwischen Bundeswehr und Frankenbergern gelebt wird, auch wenn manchmal schwere Fahrzeuge durch die Stadt rollen müssen.

Die Panzergrenadierbrigade 37 aus der „Garnisonsstadt Frankenberg", wie sie sich seit 2021 offiziell (wieder) nennen darf, ist seit 2017 direkt an der Grenze zu Russland im Einsatz. Derzeit ist sie deklariert als Teil der NATO Enhanced Forward Presence Battlegroup Lithuania, als „verstärkte Vornepräsenz-Kampfgruppe Litauen" also. 2023 soll sie Teil der Very High Readiness Joint Task Force werden („Einsatzgruppe mit sehr hoher Einsatzbereitschaft"). Diese Einheit lässt sich ohne Übertreibung als Teil der NATO-Speerspitze gegen Russland bezeichnen und trägt als „robuste Kampfbrigade" (so die Informationsstelle Militarisierung) zum erhöhten Risiko eines (Atom-)Krieges in Europa bei.

Jahr für Jahr veranstaltet die Bundeswehr mehr als 50 Konzerte alleine im Advent in Kirchen in Deutschland. Militärmusik – öffentliche Auftritte von Militär in Kirchen mit mehr oder weniger feierlichem Charakter bilden vielerorts gut besuchte und geschätzte Events des kulturellen Lebens. Die Entstehungsbedingungen und gesellschaftlich-politischen Funktionen sowie Fehlfunktionen militärmusikalischer Events in (christlichen) Kirchen verdienen das besonders kritische Interesse einer menschengemäßen[55] Gesellschaft. Die symbolisch-kulturelle Durchsetzung

---

[55] In einer menschengemäßen Gesellschaft wäre der Mensch der Zweck allen Treibens, aller Verhältnisse – und eben nicht eine Staatsraison, eine Wirtschaftslogik oder irgendein Kriteriensystem, das die Menschen zu Mitteln für Zwecke ganz anderer, meist herrschaftsförmiger Art reduziert. Menschengemäß wäre eine Gesellschaft, in der die freie Entwicklung eines jeden die Bedingung für die freie Entwicklung aller wäre.

der Herrschaftsform Staat durch die zeremoniellen Auftritte des Militärs (über die reine Militärmusikaufführung hinaus) liegt und lag in dem Maße nahe, wie die Staatsform selbst mit militärischen Mitteln durchgesetzt wurde und wird.[56] Die Frage nach der Notwendigkeit von Militärmusik in Kirchen stellt sich angesichts des ethisch-normativen Widerspruchs zwischen der für das Christentum eigentlich zentralen Friedensorientierung und dem eigentlichen Militärzweck: Ausbildung zum Töten, Vorbereitung und Durchführung von Krieg.

Was ist Militär?

Noch immer ist der Glaube weit verbreitet, Landesverteidigung sei die eigentliche Aufgabe des Militärs. „Der Bund stellt Streitkräfte zur Verteidigung auf. Ihre zahlenmäßige Stärke und die Grundzüge ihrer Organisation müssen sich aus dem Haushaltsplan ergeben" (Art. 87a Abs. 1 GG) heißt es im Grundgesetz der Bundesrepublik Deutschland, dem Gesetzeswerk mit Verfassungscharakter. Aber die Bundeswehr beteiligt sich seit Jahrzehnten an Kriegen weltweit, gegen Serbien 1999, in Afghanistan ab 2003, in Mali ab 2015, gegen Russland 2022 usw.[57], ohne dass dem je irgendein Angriff oder auch nur eine konkrete

---

[56] „Herrschaftsform" und „Staat" sind hier als analytische Begriffe zu verstehen (vgl. H. Gerstenberger: Die subjektlose Gewalt. Theorie der Entstehung bürgerlicher Staatsgewalt, Münster (Westfälisches Dampfboot) 1990). Meinem Text wohnt zwar im Ganzen eine moralische Haltung inne, die er durchaus auch vermitteln will, nämlich eine antimilitaristische. Aber als textliches Mittel bringe ich analytische Aussagen über Militär, Staat, Herrschaft usw. zum Einsatz. Der Unterschied zwischen analytischer und moralischer Begriffsebene ist nicht nur kategorial, sondern wichtig: Eine analytische Aussage will dazu beitragen zu verstehen, wo Gegenstände herkommen und wie sie funktionieren. Eine moralische Aussage will die Gegenstände hierarchisch entlang der Werteskala einer gegebenen Moral ordnen. Einzelne moralische Aussagen bzw. Wertungen im Einzelnen versuche ich ganz zu vermeiden, weil ich davon ausgehe, dass die überwiegende Anzahl der Menschen, die Militär auf analytischer Grundlage begreifen, die Haltung hinter diesem Text wenn nicht teilen, so doch wenigstens nachvollziehen können werden. Wo im Folgenden eine Aussage moralisch klingt oder gelesen werden kann, ist eine analytische Lesart dennoch die beabsichtigte.

[57] Wikipedia-Artikel „Auslandseinsätze der Bundeswehr" (zuletzt angesehen 21.10.2022)

Bedrohung der BRD[58] vorausgegangen wäre. Gesellschaftlich ist es möglich, dass sogenannte Verteidigungsminister, eigentlich Kriegsminister, diese Zustände dekretieren: „Die Sicherheit Deutschlands wird auch am Hindukusch verteidigt" (Peter Struck, SPD, 2002 als „Bundesminister der Verteidigung"). Das Bundesverfassungsgericht sichert das ganze juristisch und letztinstanzlich ab, indem es ein Recht auf Vorwärtsverteidigung konstruiert, solange dieses Recht im Bündniszusammenhang wahrgenommen wird und das Parlament zustimmt. Letztere darf zur Not auch nachträglich stattfinden...[59] Darüber hinaus ist im BRD-Gegenwartsbewußtsein wesentlich weniger präsent, aber historisch durchaus die Regel, dass das Militär – etwa in revolutionären Situationen oder auch in nur von Oben herbeiimaginierten sog. Ausnahmezuständen – immer auch gegen die eigene Bevölkerung eingesetzt wurde und sich hat einsetzen

---

[58] Bundesrepublik Deutschland war die offizielle Vollform des Staatennamens seit 1949 nicht zuletzt in Abgrenzung zur Deutschen Demokratischen Republik. Sie gilt nach wie vor, auch nach der Übernahme der DDR. BRD verwende ich als Abkürzung für diese offizielle Selbstbezeichnung. Indem ich so spreche bzw. schreibe (und nicht etwa von „Deutschland") widerspreche ich implizit der Behauptung, die auch schon (aus satirischen Gründen?) als Groß-Graffiti auf der Baustelle mitten in Berlin prangte, wo Deutsche nach der Abschaffung der DDR den Palast der Republik nicht schnell genug abreißen konnten, um ihr Schloss wieder aufbauen zu lassen: Es stand dort in großen Lettern „Die DDR hats nie gegeben" (https://www.flickr.com/photos/michael_westdickenberg/3450302010/). Falls ich stattdessen Deutschland sagte, hätte ich das Gefühl, ich stimmte ein in den Chor derer, die – sei es aus Gedankenlosigkeit, sei es aus purer böser Absicht – das Loblied auf eine glorreiche 1000-jährige Geschichte jenseits aller Systeme singen wollen, in dem nur eine kleine, eigentlich zu vernachlässigende Strophe vom „Vogelschiss" (Alexander Gauland, AFD-Fraktionsvorsitzender im Bundestag, 2018) handelt, der Hitler und die Nazis gewesen seien.

[59] Ergebnis der out-of-area-Debatte Anfang der 1990er war die verfassungsrechtliche Ermöglichung von Kampfeinsätzen jenseits von Landesverteidigung und rund um den Globus durch das Urteil des Bundesverfassungsgerichts vom 12.06.1994, welches schließlich 2005 im Parlamentsbeteiligungsgesetz auch legislativ umgesetzt wurde, vgl. M. Haid und T. Pflüger: Krieg außer Kontrolle. Die Demontage des konstitutiven Parlamentsvorbehalts, IMI-Studie 2013/04, https://www.imi-online.de/2013/04/15/krieg-auser-kontrolle/ (zuletzt angesehen 21.10.2022)

lassen.[60] In dieser Kontinuität tourt seit Jahren ein ehemaliger Bundesinnenminister, Thomas de Maizière, derzeit Präsident des Deutschen Evangelischen Kirchentags und als solcher „Gesicht des Kirchentags 2023" in Nürnberg, mit der Idee des Ausnahmezustands durch die Lande.

Die militärische Organisation dient vielen (und systemübergreifend) als Vorbild für die Organisation der industriellen Arbeitswelt: Befehl und Gehorsam, Disziplin und Strafe. Diese organisatorischen Merkmale des Militärs sind das, was den weltweit mehr als 64 Millionen[61] Militärangehörigen gemeinsam ist. Und sie sind das, was sie aus ihrer militärischen Sozialisation in die nicht-militärischen Bereiche der Gesellschaft mitbringen. Diese Massen an Militärangehörigen wollen ausgerüstet sein. Militärische Rüstung hat die Eigenart, dass sie nicht nur als materieller Gegenstand allmählich veraltet, sondern dass die jeweils eigenen Rüstungsgüter immer in der Konkurrenz zum Zustand der Waffenbestände der anderen gesehen werden müssen und darüber nach jeder erneuten Aufrüstungsrunde als veraltet betrachtet werden. So scheint es ständig nötig, gar nicht so alte und völlig unbenutzte Waffensysteme durch ganz neue zu ersetzen. Das militärische Personal und die ständige Nachrüstung werden aus den öffentlichen Kassen über den allgemeinen, steuerfinanzierten Staatshaushalt finanziert oder zukünftigen Generationen in einer kreditförmigen Wette auf gesamtwirtschaftliches Wachstum aufgebürdet („Sondervermögen mit Kreditermächtigung"). Alleine die Räumung von Waffenlagern (und die damit verbundenen neuen Aufträge für die Konzerne des

---

[60] Hierfür enthält das GG die sog. Notstandsgesetze, vgl. Art. 87a Abs.4.

[61] Um das Jahr 2020 waren weltweit rund 20 Millionen Soldaten, 25 Millionen Reservisten und 19 Millionen Paramilitärs unterwegs. Die Zahlen liefert das International Institute for Strategic Studies (IISS) in seinen Jahresberichten: The Military Balance 2019-21. Da diese Berichte nicht öffentlich zur Verfügung stehen, basiert meine eigene Gesamtsummenbildung auf den Zahlen der tabellarischen Zusammenfassung der IISS-Daten bei https://en.wikipedia.org/wiki/List_of_countries_by_number_of_military_and_paramilitary_personnel).
Die Zahlen sind ansprechend aufbereitet bei der Weltbank, https://data.worldbank.org/indicator/MS.MIL.TOTL.P1. (beides zuletzt angesehen 13.12.2021)

militärisch-industriellen Komplexes) stellt mitunter einen – wenn auch nicht alleine ausschlaggebenden – Kriegsgrund dar.[62]

Aber durch die bloße Aufzählung von Waffenbeständen und Rüstungsbudgets wird noch nicht begreiflich, was Militär nun wirklich ist. Einen Begriff vom Militär bekommt man erst mit einer verallgemeinernden Bestimmung:

Militär ist jene soziale Organisation, die uniformiert, kaserniert, bewaffnet und dem Prinzip von Befehl und Gehorsam unterworfen ist, und die von einem Staat unterhalten wird, um bestimmte Macht-, Herrschafts- oder Produktionsformen durchzusetzen, aufrechtzuerhalten oder zu verteidigen.[63]

Zunächst ist hier auf das militärische Prinzip zu verweisen: das Prinzip von Befehl und Gehorsam, das sich in allen kämpfenden Verbänden findet. Zentral ist sodann der *Zweck* der sozialen Organisation, die kollektive physische Gewaltanwendung. Gerade dieser Zweck bildet das Definitionselement, das eine Militärorganisation von Parteien, Industrieverbänden oder Kleintierzüchtervereinen qualitativ unterscheidet. Der Zweck des Militärs ist die Vorbereitung und Durchführung der organisierten kollektiven physischen Gewaltanwendung: des Krieges (bzw. Bürgerkriegs). Diesem Zweck ist die Struktur und das Funktionsprinzip von Militär angepasst: Militär ist eine hierarchisch strukturierte Institution.

---

[62] So auch in den diversen Ringtausch-Arrangements zugunsten des ukrainischen Militärs (und zulasten der dortigen Bevölkerung) im Jahr 2022: Die Waffenlieferanten schicken ihre alten Waffensysteme „sowjetischer Bauart" und beschaffen neue aus den Rüstungsschmieden der westlichen Industrienationen. Besonders perfide: die „Entsorgung" von abgereichertem Uran (depleted uranium) in Form von Projektilen, etwa im Krieg der NATO-Staaten gegen Serbien im ehemaligen Jugoslawien, http://www.cadu.org.uk.

[63] Vgl. E. Krippendorff et al.: 100 Tage Militär. Exemplarischer Tätigkeitsbericht über das älteste und größte Gewerbe der Welt, Bremen (Donat): 2000, S. 2

Die kritische Militärsoziologie64 betont: Militär zwingt den Menschen, innerhalb des militärischen Apparates nach dessen Regeln zu funktionieren, macht ihn zu einem Mittel innerhalb einer Maschinerie, reduziert ihn auf das sogenannte Menschenmaterial und nimmt ihm auf dem Weg kompletter Funktionalisierung für den militärischen Zweck die Integrität seiner Person und seine Würde als selbständiger Mensch.[65] Militär missachtet sogar den kleinsten gemeinsamen Nenner der Menschlichkeit: die körperliche Unversehrtheit (von Soldaten und Zivilisten). Verletzung, Töten und Sterben werden nicht nur in Kauf genommen, sondern bilden – auf Befehl und im Namen des Staates – vielmehr das Funktionsprinzip von Militär. In unseren modernen Armeen tritt dieses Prinzip lediglich dem Anschein nach zurück hinter schleichende Hochtechnologisierung und mediale Entfremdung, die den Tötungsakt zwar subtil entpersonalisieren, nicht jedoch das tatsächlich stattfindende Sterben: Auf der Opferseite vergrößert sich das Grauen mit jedem rüstungstechnischen Entwicklungsschub.[66] All das ist nicht nur möglich, sondern allgemein akzeptiert, weil das Militär eben nicht als bis an die Zähne hochgerüstete Räuberbande auftritt, sondern als der bewaffnete Arm des Staates zu dessen Selbstverteidigung. Fragen wir nach der Quelle dieser Akzeptanz, kommen wir früher

---

[64] Vgl. E. Goffman, Über Merkmale totaler Institutionen, Asyle. Über die soziale Situation psychiatrischer Patienten und anderer Insassen, Frankfurt/M. (Suhrkamp): 1973, 13-123; H. Birckenbach, Wehrdienst als Verlust – und Befreiung von der zivilen Lebensweise. In: R. Steinweg (Hg.), Unsere Bundeswehr? Zum 25jährigen Bestehen einer umstrittenen Institution, Frankfurt a.M. (Suhrkamp): 1981, 197ff: S. 226f.

[65] Juristen und Juristinnen glätten den Widerspruch zwischen grundgesetzlicher Würdegarantie und Realität bürgerlicher Zwangsinstitutionen (Schule, Militär, Gefängnis, ...) mit dem Konstrukt des „besonderen Gewaltverhältnisses", heute: besonderes Rechtsverhältnis, das den „Grundsatz der Gesetzmäßigkeit zwar beibehält, aber auflockert" (so der Staatsrechtler und Verfassungshistoriker Andreas Kley).

[66] Plastisches Beispiel: Drohnenmorde aus buchstäblich heiterem Himmel. Die Bewohner ganzer Regionen schildern neuerdings ihre mit der fear of blue skies verbundenen Traumata. Vgl. Berichte aus dem Jemen und Pakistan (Links zuletzt angesehen 14.12.2022).

oder später auf den Komplex Militärrituale, Militärmusik und (Staats-)Kirche.

Warum macht das Militär Musik?

Eine Kritik an Militär und Militärmusik, die auf die Verschwendung von Steuergeldern durch die militärmusikalischen Einheiten der Bundeswehr abhebt, ist notwendig und von den parlamentarischen Abläufen her privilegiert. Im Jahre 2019 stellten einige Abgeordnete der Linksfraktion eine Kleine Anfrage zum Thema „Kosten der Militärmusik der Bundeswehr"[67]. Interessant an der Antwort sind aber weniger die Gesamtkosten selbst. Auffällig ist an dieser Stelle nur, dass der mit Abstand größte Posten, nämlich die Personalkosten, gar nicht ausgewiesen ist: „Das Erfassen von Personalkosten erfolgt nicht getrennt für einzelne Dienststellen." Unter einem buchhalterischen Vorwand verweigert die Bundesregierung die Auskunft zum Thema Personalkosten und damit eine vollständige und sinnvolle Antwort auf die Anfrage insgesamt.

Auf den ersten Blick beeindruckend, aber bei näherer Überlegung irrelevant ist die knapp 70-seitige Liste von Events, die wohl so etwas wie einen Leistungsnachweis darstellen soll für die aufgewendeten öffentlichen Mittel.

Viel interessanter ist das kurze, vorbemerkungsförmige Geplänkel zwischen Fragesteller*innen und Bundesregierung, weil es indirekt darauf verweist, worum es bei der Militärmusik eigentlich geht. So merken die Fragesteller*innen an:

Die Bundeswehr unterhält 15 Heeresmusikkorps (davon eine BigBand), die alle dem Zentrum Militärmusik der Bundeswehr unterstellt sind. Nach Ansicht der Fragestellenden ist es weder effizient noch einer friedlichen Gesellschaft förderlich, dass die Bundeswehr solche Musikkorps unterhält. Sie dienen aus Sicht der Fragesteller dem Ziel einer weiteren Militarisierung der

---

[67] Bundestags-Drucksache 19/14590 vom 29.10.2019

Gesellschaft durch Imagewerbung für die Bundeswehr. Musik sollte nach Ansicht der Fragestellenden kein Instrument des Militärs sein, sondern vielmehr dem Frieden und der Abrüstung dienen.

Die Bundesregierung antwortet wie folgt:

Die Militärmusik der Bundeswehr dient der Ausgestaltung dienstlicher und öffentlicher Veranstaltungen und damit ihrer Repräsentation im In- und Ausland. Sie ist ein unverzichtbarer Integrationsfaktor innerhalb der Truppe, zwischen Truppe und Bevölkerung, sowie für die internationale Zusammenarbeit.

Militärmusik ist grundlegender Bestandteil des militärischen und diplomatischen Protokolls. Sie ist zudem wichtiges Mittel der Betreuung der Soldatinnen und Soldaten sowie der zivilen Angehörigen der Bundeswehr. Im Ausland und in den Einsatzgebieten stellt sie ein Stück emotional fühlbarer erfahrbarer Heimat dar und nimmt die Rolle des kulturellen Botschafters Deutschlands wahr.

Militärmusik pflegt überliefertes Kulturgut und genießt große Wertschätzung in der Bevölkerung, wie die hohen Besucherzahlen ihrer Konzerte zeigen. Im Rahmen der Öffentlichkeitsarbeit engagiert sich die Militärmusik in zahlreichen sozialen und karitativen Projekten. Sie fördert damit die Identifikation mit der Bundeswehr und ihre Verankerung in der Gesellschaft.

Die Kostenkritik provoziert hinsichtlich dessen, worum es eigentlich geht, immer nur Andeutungen und verklausulierte Hinweise. Auch der Militärhistoriker Detlef Bald setzt in einem Offenen Brief an die Synode und den Rat der EKD bei der offiziellen, staatlich militärischen Antwort auf die Frage nach dem Sinn und Zweck von Militärmusik an:

Nach Selbstaussage der Bundeswehr dient die Militärmusik dazu, „Bundeswehr in sympathischer, für jedermann leicht nachzuvollziehenden Form erfahrbar" zu machen und „die Bundeswehr nach innen und außen zu repräsentieren."[68]

In den Worten des Beratungskonzerns Deloitte, bei der die Bundeswehr eine Manöverkritik ihres Militärmusikfestivals einkaufte:

> Strategisches Ziel: Verankerung der Bundeswehr in der Gesellschaft stärken.

Spezifische Ziele:

> * Die Bundeswehr in der Gesellschaft sicht- und erlebbar machen.

> * Den Ausbau der Marke „Bundeswehr" unterstützen (Imagebildung).[69]

Das ist aber bestenfalls die halbe Wahrheit. Es fehlt die – soziologisch gesprochen – Innenwirkung von militärischem Ritual und militärischer Musik. Militärmusik hat ihre Wurzeln als Werkzeug zur Erzeugung von Gleichförmigkeit beim massenhaften Marschieren.[70] Wenn sich die bewaffneten Massen gleichförmig bewegen, dann geht es einfach reibungsloser und schneller, als wenn jeder im eigenen Tempo und Rhythmus dahin- und dem Vordermann in die Hacken stolpert. Militärmusik ist ursprünglich Marschmusik, und Marschieren will gelernt sein. Dazu dient der militärische Drill insgesamt. Militärmusik ist darin ein unerlässliches Element („unverzichtbarer Integrationsfaktor innerhalb der Truppe", so die Bundesregierung in ihrer

---

[68] Dietrich-Bonhoeffer-Verein/D. Bald: „Offener Brief. Es gibt keinen Weg zum Frieden, Frieden ist der Weg", München, 21.11.2014

[69] Deloitte-Studie „Optimierung von Public Events in der Bundeswehr". Abschlussbericht, Berlin, den 25.03.2020, S. 14. Deloitte ist das umsatzstärkste Unternehmensberatungs- und Wirtschaftsprüfungskonzern der Welt (Umsatz 2020/21: mehr als 50 Mrd. US-Dollar). Bemerkenswert: Im öffentlich erhältlichen Abschlussbericht ist die ganzseitige Tabelle (S. 16) zur „Interventionslogik zum Musikfest Bw" komplett geschwärzt.

[70] Vgl. grundlegend und ausführlich: S. Witt-Stahl: »...But his soul goes marching on«: Musik zur Ästhetisierung und Inszenierung des Krieges, Karben (Coda): 1999, S. 23ff

Vorbemerkung zur Antwort auf die Kleine Anfrage). Aber nicht nur die Fähigkeit zum gleichförmigen Marschieren lässt sich durch von Militärmusik untermauertem Drill erzeugen. Die gleichförmig Marschierenden ergeben den gemeinsamen Truppenkörper. Von außen u.a. militärmusikalisch zusammengepresst ("wichtiges Mittel der Betreuung der Soldatinnen und Soldaten", ebda.), schließlich von innen durch Disziplin und Korpsgeist verschweißt, entsteht und besteht das zur Militärmusik "marschierende Monument" (Witt-Stahl).

Militär bedeutet nicht nur im Krieg oder Bürgerkrieg Gewalt. Der militärmusikalisch unterstütze Drill ist nicht gewaltfrei. Ohne die im Drill ausgeübte direkte Gewalt der Vorgesetzten gegen die Rekruten wären militärische Disziplin und Gehorsam bis in den Tod bzw. zum Mord nicht herstellbar. Im körperlichen Training des militärischen Formaldienstes werden die Bewegungsmuster eingeschliffen und die Einzelnen in das exerzierende Kollektiv eingepasst. An Land gibt es Hindernis-Parcours, auf See wird in die Rahen geklettert. Es ist der Gewaltcharakter der Bundeswehr, die Todesnähe der Institution und in der Institution, die ihren innerinstitutionellen Herrschaftscharakter begründet und in der Anwendung von direkter Gewalt in psychischer und physischer Form zum Ausdruck kommt. "Abrichtung zum Soldaten bedeutet nicht nur Erzeugung von Todes- und Tötungsbereitschaft, sondern ebenso ihre Kontrolle" bemerkt Ulrich Bröckling in seiner soziologischen Arbeit über militärische Disziplin.[71]

Die Anforderungen, die aus Sicht des Militärs an die Gehorsamsproduktion gestellt werden, sind doppelter Art: Einerseits gilt es, die Fremdbeherrschung des Soldaten einzurichten, d.h. den Soldaten dazu zu bringen, die Befehle des Vorgesetzten "nach besten Kräften vollständig, gewissenhaft und unverzüglich auszuführen." (§11 Soldatengesetz) Untrennbar damit verbunden ist andererseits die Notwendigkeit, eine möglichst umfassende Selbstbeherrschung des Soldaten zu etablieren. Denn entgegen

---

[71] U. Bröckling: Disziplin. Soziologie und Geschichte militärischer Gehorsamsproduktion, München (Fink): 1997, S. 10

seiner ureigensten Ängsten und Überzeugungen und selbst in Extremsituationen der Todesnähe, soll er (oder neuerdings auch sie) funktionieren.

Die militärische Gehorsamsproduktion bedient sich, so der Soziologe Hubert Treiber, dreier zentraler Techniken, die international zum Einsatz kommen: Normenfalle, Überlastung und Drill.[72] Dieses Trio des schikanösen Verhaltens von Vorgesetzten gegenüber ihren Rekruten hat in Frankreich den Namen *bizutage*, in Italien *nonnismo*. Im Deutschen scheint es keinen spezifischen Begriff zu geben, oft dient hier *Drill* in einem erweiterten Wortsinn. Die Normenfalle bezeichnet eine Disziplinierungstechnik, die über die umfassende und permanente Reglementierung und Normierung des soldatischen Alltags funktioniert. Dabei ist die Liste der geregelten Bereiche und der einzelnen Reglementierungen bis zur Unüberschaubarkeit umfangreich. Die Überlastung steht in engem Zusammenhang mit der Normenfalle. Angesichts der kaum zu bewältigenden Anforderungen, die in allen Bereichen an den Soldaten gestellt werden, kann der einzelne Soldat nie Herr der Lage werden. Seine eigene Unzulänglichkeit und die Überlegenheit des Vorgesetzten werden ihm permanent vor Augen geführt. Eine Steigerung erfährt diese normierungsbasierte Unterwerfung, wenn in einer Situation mehrere nicht miteinander vereinbare Forderungen an den Soldaten gestellt werden. Der Drill im engeren Sinne als drittes Element betrifft vor allem die körperliche Einübung der Befehls- und Gehorsamsschemata beim Exerzieren, Grüßen, Marschieren – mit oder ohne Musik.

Der an der Schnittstelle von Geschichte, Soziologie und Psychologie arbeitende Philosoph Michel Foucault untersucht in seinem Buch „Überwachen und Strafen" die Entwicklung der modernen Strafsysteme im Europa des frühen 18. Jahrhunderts. Er schildert eine „Politik der Zwänge, die am Körper arbeiten, seine Elemente, seine Gesten, seine Verhaltensweise kalkulieren und

---

[72] H. Treiber: Wie man Soldaten macht: Sozialisation in »kasernierter Vergesellschaftung«, Düsseldorf (Bertelsmann): 1973, S. 47

manipulieren. Der menschliche Körper geht in eine Machtmaschinerie ein, die ihn durchdringt, zergliedert und wieder zusammensetzt."[73] Formalausbildung und Drill setzen die gleichen Methoden ein und erzielen damit das, was die militärische Sprache „Haltungsdisziplin" nennt: die Einfügung des Individuums in die militärische Befehls- und Gehorsamsmaschine, die den Soldaten auch im Zustand der Todesnähe funktionsbereit hält. Dabei ist der politische Rahmen irrelevant. Sobald sich eine Gesellschaft militärische Mittel offenhalten will, ist der direkte und zwangsförmige, d.h. gewaltsame Zugriff auf die Körper der zu disziplinierenden jungen Menschen notwendig. Hier fällt die Maske der Freiwilligkeit des Militärdienstes: Die demokratische Legitimationserzählung blendet materielle Zwänge aus und kann nun lauten: Wir zwingen ja niemanden…

Leitmotivisch funktionierende klassische Musik macht genau das. Sie durchdringt ihr musikalisches Material, zergliedert es in seine kleinsten Bestandteile und setzt es systematisch oder entlang zu erzielender Effekte (Rhythmus: Marschieren) wieder zusammen. Das Repertoire („überliefertes Kulturgut", Bundesregierung, Kleine Anfrage) enthält auch Auslegungen der Musik, die erheben (etwa durch „emotional fühlbare erfahrbare Heimat", ebda.). Das Erhabene, das dann beim Adventskonzert der Bundeswehr die besseren Bürger und Bürgerinnen erschaudern lässt, entspricht dem machtvollen Gefühl des Korpsgeistes des zur Musik marschierenden Truppenkörpers.[74]

---

[73] M. Foucault: Überwachen und Strafen. Die Geburt des Gefängnisses, Frankfurt/M. (Suhrkamp): 1981, S. 176

[74] Der Literaturwissenschaftler und Kulturtheoretiker Klaus Theweleit arbeitet die kulturelle Praxis des „Segmentierens und Sequenzierens" als Grundmuster der sogenannten westlichen Zivilisation und ihrer Subjektform, und als Erfolgsbedingung ihrer kolonialistisch-imperialistischen Globaldominanz heraus. Es überrascht nicht, das Segmentieren und Sequenzieren hier an der Basis des militär-musikalischen Zugriffs auf Körper und Köpfe wiederzufinden. Vgl. K. Theweleit: Warum Cortés wirklich siegte. Technologiegeschichte der eurasisch-amerikanischen Kolonialismen. Pocahontas 3, Berlin (Matthes&Seitz): 2020

Was ist eine Kirche?

Das Historisch-kritische Wörterbuch des Marxismus zieht schon die ganz allgemeine Antwort auf die Frage nach dem Begriff der Kirche eng auf einen grundlegenden historischen Konflikt:

Der zugrundeliegende gr. Ausdruck εκκλησία (von καλέω, rufen, eine Versammlung einberufen; lat. ecclesia) bedeutet ursprünglich Volksversammlung oder auch Versammlungsplatz. Mit dem Christentum erhält er die Bedeutung einer Versammlung der Gläubigen, der »Berufenen« und des durch sie gebildeten »mystischen Leibs« (corpus mysticum) Jesu Christi. Kirche bedeutet also Gemeinschaft sowohl im Sinne der lokalen Gemeinschaft als auch der universellen, d.h. der Gemeinschaft aller lokalen Gemeinschaften. Sie bezeichnet sowohl die Einheit und das Heil des ganzen Menschengeschlechts als auch den Ort, wo die Gemeinschaft sich trifft, und die Institution, die die Gemeinschaft der Gläubigen organisiert und sich als hierarchischer Apparat ihnen überordnet. <u>*Kirchengeschichte kann somit weitgehend als Gegensatz und Kampf zwischen der Verselbständigung des Kirchenapparates und der Rückgewinnung der universalen Gemeinschaftsform dargestellt werden.*</u> *[Hervorhebung von M.E.]*

Als absolutistische Organisation, welche die Oberaufsicht über die Seelen und Gewissen ihrer Mitglieder beanspruchte, bildete sie ihren eigenen polizeilichen Apparat aus (die Inquisition), der mit den weltlichen Mächten über Jahrhunderte einvernehmlich kooperierte. Als Großgrundbesitzerin war sie unmittelbar an der Aufrechterhaltung irdischer Herrschaft interessiert; als Zensurinstanz überwachte sie die herrschaftskonforme Produktion und Zirkulation der Ideen und Moralen. [...] In Westeuropa und Nordamerika setzt sich infolge der Aufklärung, der bürgerlichen Revolution und des Liberalismus die Laizität des Staates, schließlich die

Trennung von Kirche und Staat durch, wobei diese Prozesse ungleichzeitig und widersprüchlich ablaufen. (HKWM 7 I, Sp. 694f)

Der Kampf zwischen heils- und damit friedensorientierter Gemeinschaft und herrschaftsorientiertem Apparat besteht bis heute fort in der Kirche als Ort des Gottesdienstes der diversen christlichen Gemeinden. Das Kollektiv-Lexikon Wikipedia widmet dieser einen eigenen Artikel.[75] Das mir dort wichtig erscheinende fasse ich zusammen: Nach dem römisch-katholischen Kirchenrecht ist die Kirche „ein heiliges, für den Gottesdienst bestimmtes Gebäude, zu dem die Gläubigen das Recht freien Zugangs haben, um Gottesdienst vornehmlich öffentlich auszuüben." Für Martin Luther war ein Gebäude nur dann Kirche, wenn Christen darin zusammenkommen, „bitten, predigt horen und sacrament empfahen."[76] Er empfiehlt deshalb den Abbruch von Kirchen, wenn diese nicht mehr dem gottesdienstlichen Geschehen dienen: „wie mit allen anderen hewßern thutt, wenn sie nymmer nütz sind"[77]. Das Kirchengebäude als solches besitzt nach Luther keine Heiligkeit. Ähnlich sahen es auch andere. So war eine Kirche für den reformierten Theologen Heinrich Bullinger (1504–1575) heilig, „sofern sie durch den heiligen Gebrauch – und das heißt durch den gottesdienstlichen Gebrauch der Gemeinde – geheiligt wird." Während in der römisch-katholischen Kirche ein Kirchengebäude durch den dem Bischof vorbehaltenen Ritus der Kirchweihe geweiht („dediziert") oder gesegnet wird, werden evangelische Kirchen ihrer Bestimmung übergeben, beziehungsweise „gewidmet". Wird eine Kirche nicht mehr benutzt, so geht dem in der katholischen Kirche die Profanierung voran, in evangelischen Kirchen in der Regel eine sogenannte „Entwidmung". Auch „weltliche" [Anführungszeichen im Wikipedia-Original; ME] Veranstaltungen wie Lesungen oder

---

[75] Wikipedia-Artikel „Kirche (Bauwerk). Die Nachweise von Zitaten im folgenden Absatz bitte dort nachlesen (Link zuletzt angesehen 14.12.2022).
[76] In heutigem Deutsch: „bitten, Predigt hören und Sakrament empfangen."
[77] In heutigem Deutsch: „wie man es mit allen anderen Häusern macht, wenn sie nutzlos geworden sind."

eben Militärkonzerte finden manchmal in Kirchengebäuden statt. (Wikipedia-Paraphrase Ende)

Warum setzen die Kollektiv-Autor*innen der Wikipedia das „weltliche" hier im letzten Satz in Anführungszeichen? Weil sie ahnen (und sich dabei einig sind), dass eine weltliche Veranstaltung in einer Kirche eigentlich keine weltliche Veranstaltung mehr ist.

Wie passen Militärmusik und Kirche zusammen?

Doch was passiert, wenn eine „weltliche" Veranstaltung wie ein Konzert der Bundeswehr, auch noch zu einem ganz und gar unweltlichen Anlass, etwa im Advent, in einer Kirche stattfinden soll? Im Bereich der Evangelischen Kirchen zirkuliert eine „Handreichung" zum Thema aus dem Haus kirchlicher Dienste. Dort heißt es hinsichtlich des Verfahrens:

> *Über die Bereitstellung und Nutzung der Kirchenräume verfügt der Kirchenvorstand bzw., im gottesdienstlichen Rahmen, das Pfarramt. So hat der Kirchenvorstand sorgfältig abzuwägen, wie er sich zu der Frage der Bereithaltung und des Einsatzes von militärischen Mitteln in der aktuellen Situation positionieren will, denn als solche wird eine mögliche Zustimmung oder Ablehnung eines Konzertes der Bundeswehr in kirchlichen Räumen verstanden.*[78]

Die Handreichung besteht in einer ausformulierten und mit Sachausführungen unterfütterten Sammlung von Fragen, die die Diskussion in der Gemeinde anregen soll zwischen beiden Optionen: Ja oder Nein zur Militärmusik in der Kirche. Der oben beschriebene kirchenhistorische Grundkonflikt kommt in der Handreichung beinahe klassisch zum Ausdruck:

---

[78] Haus kirchlicher Dienste, OLKR Rainer Kiefer, Pastor Lutz Krügener: Handreichung zu Konzerten der Bundeswehr in evangelischen Kirchen, ohne Angabe des Jahres. Dieses Werk ist wegen Copyright-Verletzung nicht mehr öffentlich verfügbar.

Die Militärmusik der Bundeswehr heute soll das Zusammengehörigkeitsgefühl unterstützen, dient der mentalen Identifikation der Soldaten mit der Bundeswehr und ist ein Teil ihrer Öffentlichkeitsarbeit. Sie trägt dazu bei, die Bundeswehr in die Gesellschaft einzubinden und das Ansehen der Bundeswehr im In- und Ausland zu stärken. Im Rahmen der Öffentlichkeitsarbeit musizieren die Musikkorps hauptsächlich bei internationalen Veranstaltungen zusammen mit anderen Musikkorps und bei Wohltätigkeitsveranstaltungen. Hierzu werden auch Konzerte in Kirchen gezählt. Die Musikkorps treten nicht bei politischen Veranstaltungen auf. Die Musikkorps der Bundeswehr musizieren – gemäß ihrem Selbstverständnis – in Uniform, um auf diese Weise ihre Präsenz und ihr Mandat als Teil der Gesellschaft – Bürger in Uniform – zu unterstreichen.

Dies wird allerdings in der Öffentlichkeit unterschiedlich wahrgenommen. Die einen begrüßen den musikalischen Auftritt der Bundeswehr in Kirchen und unterstützen das Musizieren zur eigenen Freude und zur Freude anderer. Auf diese Weise macht die Bundeswehr deutlich, dass sie ein verfassungsrechtlich legitimer Teil der Gesellschaft ist. Die anderen sehen diese Form der Werbung und Imagepflege kritisch und verbinden den Auftritt der Musikkorps mit gewalttätigem aktuellen kriegerischen Handeln und der problematischen Rolle des Militärs und der Militärmusik in der deutschen Vergangenheit. [...]

Wird militärisches Handeln zur Eindämmung des Bösen und um den Nächsten zu schützen unter den engen ethischen Kriterien des „Gerechten Friedens und rechtserhaltenden Gewalt" befürwortet, ergibt sich eine offenere Haltung auch zur Frage nach den Militärkonzerten im Kirchenraum. Werden militärische Mittel grundsätzlich mit Verweis auf die Feindesliebe oder eingeschränkt nach „dem Vorrang für Zivil und Gewaltfreiheit" abgelehnt, oder weil die ethischen und politischen Kriterien für einen Einsatz nicht erfüllt sind, so wird dies wahrscheinlich auch Auswirkungen auf die Entscheidungsfindung bezüglich Veranstaltungen der Bundeswehr in Kirchen haben. Alle Positionen gilt es im Kirchenvorstand sorgfältig abzuwägen. (ebda.)

Gibt der Kirchenvorstand grünes Licht für das Militärkonzert, bleibt die Frage: Wie passen Militärmusik und Kirche zusammen? Gar nicht, so beharrt der Militärhistoriker Detlef Bald:

Diese Art der „Agenda Attraktivität" (Ministerin von der Leyen) halten wir für bedenklich und nicht mit der adventlichen Friedensbotschaft im Einklang. Militärmusik dient also als Sympathiewerbung für das Militär. Dies sehen wir unvereinbar mit der Weihnachtsbotschaft, deren zentraler Inhalt für uns der Frieden ist, den Gott auf dieser Welt ermöglicht hat und ermöglichen will. Es ist echter Friede, der mit der Friedenspropaganda der „Pax Romana" eben so wenig zu tun hat wie der momentane Versuch, Gewalt durch Gewalt einzudämmen. Militarismus in der Kirche ist das falsche Signal der Kirche in dieser konfliktreichen Zeit und begünstigt eine weitere Militarisierung unserer Gesellschaft. Wir rufen Sie daher inständig auf, sich grundsätzlich gegen Militärkonzerte in Kirchen auszusprechen. Für Ihre weitere Arbeit wünschen wir Ihnen Gottes Segen und eine friedensbringende Adventszeit!" [79]

Detlef Bald hat Recht. Und dennoch wollen weder Staat und Bundeswehr noch die Kirche als Apparat selbst auf die Militärkonzerte in den Kirchen verzichten („unverzichtbarer Integrationsfaktor ... zwischen Truppe und Bevölkerung", Bundesregierung, Kleine Anfrage). Denn einerseits sind erstere bei der Herstellung der Akzeptanz für Krieg und Militär auf die besondere Wirkung militärmusikalischer Events in Kirchen

---

[79] Dietrich-Bonhoeffer-Verein/D. Bald: „Offener Brief. Es gibt keinen Weg zum Frieden, Frieden ist der Weg", München, 21.11.2014

angewiesen. Die Kirche ist kein beliebiger ziviler Raum. Säkularisierung hin oder her. Die Kirche als Apparat hat in den mehreren Jahrhunderten ihrer Herrschaft auf der Basis von feudalem Grundeigentum und Inquisition eine strukturelle Nähe herausgebildet - wenn nicht zum modernen Staat, so doch zum Staat als Herrschaftsform an sich. Selbst bei einer (in Deutschland bisher noch unvollendeten) Trennung von Kirche und Staat wäre sie nicht entstaatlicht, sondern allenfalls ein vom Staat im engeren Sinne entkoppelter Staat für sich. Und als solcher hat sie weder historisch noch aktuell ein grundsätzliches Problem mit Militär. Im Gegenteil: Aus ihrer Strukturähnlichkeit ergibt sich der eigene Antrieb, Militär in vollem Bewusstsein von dessen Zweck (s.o.) notwendig und gut zu heißen. Dieses Verhältnis ist ein gegenseitiges.

Beim Militärmusik-Event in der Kirche geht es um mehr als nur Gewöhnung oder Attraktivitätswerbung für die Bundeswehr. Es geht auch um die Ausstaffierung der Kirche mit den Insignien militärischer Macht (die Militärmusiker*innen treten nicht etwa in Zivilkleidung auf). Regierungsstellen, die immer nur auf Integrationsfunktion und Attraktivitätswerbung abheben, verharmlosen und verschleiern den eigentlichen Zweck der Veranstaltung. Dabei spielt es keine Rolle, ob sie bzw. ihre sachbearbeitenden Referent_innen das absichtlich tun oder es ihnen unbewußt passiert. Die wohlige Wirkung des militärmusikalischen Events begründet und stärkt Gemeinschaftsgefühl. Dieses Gemeinschaftsgefühl ist nicht neutral, seine inhaltliche Orientierung ist durch die Koordinaten Staat-Militär-Kirche formatiert.

Um dies zu verdeutlichen, komme ich auf den ehemaligen Bundesinnenminister Thomas de Maizière zurück und sein Werben für den Ausnahmezustand. So etwa im Oktober 2022, als ihm das öffentlich-rechtliche Fernsehen ein prominentes Podium bot und ununterbrochene Redezeit bei „Lanz" im ZDF – in einer Gesprächsrunde, die eigentlich der Klimakrise gewidmet war. Dort konnte er die mit dem Klimathema verbundenen Ängste bzw. Dringlichkeitswahrnehmungen für seinen Vortrag einer

„Staatsreform" nutzen. Zunächst zählte er die aus seiner Sicht notwendigerweise zu schaffenden bzw. zu erweiternden Apparate auf und fordert dann ausdrücklich, „wenn man eine wirkliche Krise hat, dann muss man den [sic!] auch zur Krise erklären, wie das viele Demokratien machen, die nennen das Ausnahmezustand".[80]

De Maizière lässt sich mit seinem Engagement als idealtypisch lesen für ein Milieu von Juristen und Beamtinnen, die die zentralen Schaltstellen des Staates besetzen und in dem sich Staatlichkeit personell reproduziert. Als solcher Idealtyp formuliert er hier nicht zum ersten Mal in den letzten Jahren prominent, was offensichtlich einen relevanten Teil seines Milieus umtreibt. Dieses scheint das Vertrauen verloren zu haben in eine Demokratie, die auch in de Maizières Vortrag nur noch als verfahrensförmiges Gefüge vorkommt. Die verfassungsrechtlich abgesicherte Fluchtlinie in den Staat des Ausnahmezustandes bedeutet für diese Leute offensichtlich die letzte Chance zum Schutze dessen, was ihnen ihrer Meinung nach zusteht. Zur Beherrschung der ökonomischen, sozialen und politischen Krisenlagen reicht die Verankerung des Ausnahmezustands im Grundgesetz alleine jedoch nicht aus. Für dessen praktische Durchsetzung gegen den inneren Feind – und das sind die renitenten Milieus, die sich gegen verfehlte oder fehlende Klimapolitik, aber auch gegen Krieg und Faschisierung wehren – braucht es einsatzbereites Militär. Unterhalb der verfassungsrechtlichen Ebene, auf der Ebene von Organisations- und Verwaltungspraxis, läuft dieser Prozess der Militarisierung bisher ziviler Staatsaufgaben seit Jahren. Im

---

[80] Siehe https://youtu.be/reFqz6ou4_w?t=1149 ab Minute 19:09'' (zuletzt angesehen 21.10.2022). De Maizières Ausführungen zur Staatsreform, die im Klartext die konstitutionelle Grundlegung des Staatsstreichs von oben darstellen, blieben in der Runde unkritisiert, seitens aller: der Klimaaktivistin, der Focus-Redakteurin, des Soziologie-Professors und des Moderators. Stattdessen lenkte letzterer im direkten Anschluss an de Maizières Ausnahmezustand-Ausführungen das Gespräch auf die Aktionsformen der Klimabewegung und deren Legitimität. In diesem Zusammenhang konnte sich de Maizière dann sogar noch als der eigentliche Demokrat inszenieren, der demokratische Verfahren gegen die Dringlichkeitspolitik der Klimabewegten verteidige.

September 2022 wurde – ohne Grundgesetzänderung – das „Territoriale Führungskommando (TFK)" bei der Bundeswehr in Dienst gestellt, das die militarisierten Staatsaufgaben im Innern bündeln soll.[81] Und hier sind wir wieder beim Militärkonzert in der Kirche, wo das Milieu, für das de Maizière spricht, andächtig zusammensitzt und im musikalischen Angebot der Truppe schwelgt.

Der eigentliche militärische Zweck dieses Angebots besteht aber nicht im Musikgenuss eines bürgerlichen Milieus. Er besteht in der militärischen Unterstützung von Machterwerb und Machterhalt politischer Eliten, bei der Ausbildung von stabiler Herrschaft in Form von politischen Institutionen und bestimmten ökonomischen Systemen sowie in der Absicherung derselben gegen militante Kritik, Rebellion, Revolution, Herrschaftsabbau und damit Machtverlust. Was ich hier exemplarisch versucht habe zu verdeutlichen, arbeitet der Politikwissenschaftler Ekkehart Krippendorff in zahlreichen Aufsätzen heraus, die in seinem Band „Militärkritik" versammelt sind.[82] Vor diesem Hintergrund geht es bei der Militärmusik in Kirchen ums Ganze: die Weihen Gottes. Es geht um die „Resakralisierung des Militärischen".[83]

Bei der Truppe sorgen die sogenannten Feldgeistlichen dafür, dass die ihr Angehörigen für ihr Töten und Sterben den Segen Gottes herbeiimaginieren können.[84] Mitnichten betreiben diese also nur individuelle Seelsorge, wie das ihr verharmlosender

---

[81] Vgl. M. Kirsch: Neues Territorialkommando. Truppenaufmarsch, Inlandseinsätze und Reformvorhaben, IMI-Analyse 2022/32, https://www.imi-online.de/2022/06/23/neues-territorialkommando/ (zuletzt angesehen 21.10.2022)

[82] E. Krippendorff: Militärkritik, Frankfurt/M. (Suhrkamp): 1993

[83] Albert Fuchs: Resakralisierung des Militärischen. Eine Auseinandersetzung mit drei Formen des Phänomens; in: R. Schmid et al.: Zur Kritik der staatskirchlichen Militärseelsorge. Auswege aus einer unheilvollen Bindung und Vorbilder der Befreiung, Düsseldorf 2019, S. 245ff

84 Vgl. R. Schmid et al.: Zur Kritik der staatskirchlichen Militärseelsorge. Auswege aus einer unheilvollen Bindung und Vorbilder der Befreiung, Düsseldorf 2019, S. 26f

Titel vielleicht suggeriert. Sie arbeiten direkt am militärischen Kollektiv, am Truppenkörper, an der Kollektivseele und sorgen dafür, dass diese zusammenwächst und zusammenhält, auch im Extremfall, wenn im Kriegseinsatz sogenannte Gefallene zu beerdigen sind. Sie verschleiern die Sinnlosigkeit militärischen Tötens und Sterbens durch das Angebot der Imagination der Gottgesegnetheit des eigenen bewaffneten Treibens.[85] Denselben verschleiernden Effekt garantiert beim Militärkonzert in einer Kirche schon alleine der bauliche Rahmen, das architektonische Setting, der mit seiner Atmosphäre von sakraler Alltäglichkeit aufgeladene Raum. Dort ist es nicht der uniformierte Truppenkörper, sondern der militaristisch formierte Volkskörper, der in Reih und Glied sitzt, sich als Ganzes spüren darf und sich zu allem bereitfindet. Gemeinsames Marschieren, gemeinsames Jubeln auf dem Parteitag, gemeinsames Sich-erhaben-Fühlen in der Kirche: Verschiedene Formen der Erzeugung gesellschaftlicher Kriegsführungsfähigkeit (in den Worten der Bundesregierung: „Förderung der Identifikation mit der Bundeswehr und ihre Verankerung in der Gesellschaft").

---

[85] Vgl. z.B. Pfarrer während der ISAF-Mission in Tarnfleck, darüber die Stola, https://commons.wikimedia.org/wiki/File:German_military_Chaplains_during_a_funeral_service_at_ISAF.jpg (zuletzt angesehen 14.12.2022)

21.11. um 20⁰⁰ Uhr
Kongress am Park

UNTER DER
SCHIRMHERRSCHAFT
DES BISCHOFS
VON AUGSBURG

BENEFIZKONZERT
zugunsten:
Obdachloser & Langzeitarbeitsloser in Augsburg

KLASSIK

MARSCH

POP

MIT DER WELTPREMIERE:
FÜRST FUGGER MARSCH

Rotary Präsentiert vom Rotary Club Augsburg
mit dem **Musikkorps der Bundeswehr**

Karten zu € 15,– / € 22,50 / € 30,–
Halber Eintrittspreis für Kinder, Jugendliche,
Studenten und Schwerbehinderte

Alle Preise zzgl. VVK; Kartenvorverkauf beim AZ-Kartenservice
Auch an der Abendkasse erhältlich

Das „Musikkorps der Bundeswehr" (Siegburg) spielte am
21.11.2016 zwar nicht in einer Kirche aber „unter der Schirmherrschaft des Bischofs von Augsburg".

II. Theologisch, kirchlich, biblisch

Hier beginnt der zweite Hauptteil von den insgesamt drei Hauptteilen dieses Buches: (I.) Empirisch, wissenschaftlich, (II.) Theologisch, kirchlich, biblisch und (III.) Erfahrungen und Proteste.

Kein Thema oder ein Thema kirchlicher Friedensarbeit?

Von Christoph Münchow

Im Jahr 2019 gab es insgesamt 290 Auftritte der deutschlandweit stationierten 15 Musikeinheiten der Bundeswehr. Davon waren insgesamt 64 Auftritte zu gleichen Teilen in evangelischen oder katholischen Kirchen. Sie häufen sich in der Adventszeit. Die 48 Auftritte sind ein Sechstel aller Auftritte im Jahresdurchschnitt und drei Viertel aller Auftritte in Kirchen.

Man mag die Thematik der Bundeswehrkonzerte in Kirchen als innerkirchliche Plänkelei abtun, aber kritische Stimmen, lokale Proteste zeigen, dass Grundfragen in den Blick kommen, die nur zum Schaden und zu Lasten des biblischen Friedensauftrags bagatellisiert werden können.

Es musizieren bundesweit unterschiedliche Musikformationen - vom Ausbildungsmusikkorps der Bundeswehr mit einer vierjährigen Ausbildungszeit bis zur Big Band der Bundeswehr. Einige dieser Musikeinheiten bestehen seit 1956. Das Marinemusikkorps Wilhelmshafen wurde im Oktober 2019 neu in den Dienst gestellt. Verantwortlich für alle ist das Zentrum Militärmusik der Bundeswehr mit Sitz in Bonn.

Visitenkarte der Bundeswehr

Die Militärmusik der Bundeswehr dient nach Auskunft der Bundesregierung

„der Ausgestaltung dienstlicher und öffentlicher Veranstaltungen und damit ihrer Repräsentation im In- und Ausland. Sie ist ein unverzichtbarer Integrationsfaktor innerhalb der Truppe, zwischen Truppe und Bevölkerung sowie für die internationale Zusammenarbeit. Militärmusik ist grundlegender Bestandteil des militärischen und diplomatischen Protokolls. Sie ist zudem wichtiges Mittel der Betreuung der Soldatinnen und Soldaten sowie der zivilen Angehörigen der Bundeswehr. Im Ausland und in den Einsatzgebieten stellt sie ein Stück fühlbarer und erfahrbarer Heimat dar und nimmt die Rolle eines kulturellen Botschafters Deutschlands wahr".

Verbunden mit dem Schwerpunkt Öffentlichkeitsarbeit

„engagiert sich die Militärmusik in zahlreichen sozialen und karitativen Projekten. Sie fördert damit die Identifikation mit der Bundeswehr und ihre Verankerung in der Gesellschaft." [86]

So ist beispielsweise in der Sommerzeit die Big Band der Bundeswehr im gesamten Bundesgebiet unterwegs,

„um von Flensburg bis Garmisch-Partenkirchen und von Aachen bis Frankfurt/Oder im Auftrag des Bundesministers der Verteidigung nicht nur gute Laune zu verbreiten,

---

[86] Antwort der Bundesregierung auf die Kleine Anfrage der Abgeordneten Tobias Pflüger, Kathrin Vogler, weiterer Abgeordneter und der Fraktion DIE LINKE vom 16.10.2019 (BT-Drucksache 19/14590 vom 29.10.2019) vgl. auch https://www.bundeswehr-journal.de/2019/seit-2014-rund-59-millionen-euro-fuer-die-militaermusik/#more-11236.

sondern auch Werbung in eigener Sache zu machen und junge Menschen vom Arbeitgeber Bundeswehr zu überzeugen. "[87]

Die nationalen Auftritte sind zumeist im eigenen Gelände der Bundeswehr sowie (auch international) im öffentlichen Raum, auf Plätzen, in Theatern, Stadt- und Konzerthallen, sowie in Kirchen oder Kapellen in staatlicher oder kommunaler Trägerschaft. Konzerte von Musikformationen der Bundeswehr in Kirchen sind ein spezieller Fall. Sie werden in der Öffentlichkeit (auch durch Werbung) deutlich wahrgenommen, sei es zustimmend oder mit Protest und Mahnwachen gegen die damit verbundene Imagepflege, Öffentlichkeitsarbeit und Werbung der Bundeswehr. Die folgenden Erwägungen betreffen nicht Militärmusik im Allgemeinen. Sie beschränken sich auf Bundeswehrkonzerte in Kirchen.

Die Militärmusikformationen verstehen sich als „Visitenkarte der Bundeswehr" und stehen für die Aufgaben, das Selbstverständnis und Wirken der Bundeswehr, einschließlich des Sicherheitskonzeptes. Hierbei zeigen sich je nach eigenem Standpunkt Teilübereinstimmungen, aber auch Differenzen und Kontroverspunkte zu Grundlagen evangelischer Friedensethik.

Weißbuch 2016

Der Auftrag und die Aufgaben der Bundeswehr wurden zusammenfassend im „Weißbuch 2016" vom Bundesministerium für Verteidigung formuliert und im Juli 2016 von der Bundesregierung verabschiedet. [88] Es berücksichtigt auch neue Herausforderungen durch den Terrorismus und die Bedrohung der Sicherheit im Cyberraum. Nach Gesprächen im Vorfeld in einer begrenzten Öffentlichkeit zu Konsensen und Differenzen kam anschließend an die Veröffentlichung Kritik aus der

---

[87] Dieser Text stammt von der Website der Bw-Bigband. Dort ist der Text inzwischen gelöscht. Aber auf den Websites mancher lokaler Veranstalter ist der Text weiterhin vorhanden (Stand 2023).

[88] https://www.bmvg.de/de/themen/weissbuch

evangelischen Kirche unter der Überschrift „Zu viel Sicherheit, zu wenig Frieden", da der Leitbegriff des Friedens im Weißbuch „weitgehend fehlt". Das Weißbuch erwähne zwar den Vorrang von Krisenfrüherkennung, Konfliktprävention und ziviler Krisennachsorge. Diese bleiben aber fokussiert auf den Beitrag der Bundeswehr ohne substantielle Aussagen darüber, „in welcher Weise die nicht militärischen Instrumente finanziell und personell deutlich gestärkt werden könnten." Es bleibt offen „wann und in welchen Fällen die Androhung und Anwendung militärischer Gewalt als ‚ultima ratio' gerechtfertigt sind". Daher wird gefordert, dass in gleicher Intensität wie die militärischen Mittel „die nicht militärischen Instrumente deutscher Friedenspolitik im Zentrum der Aufmerksamkeit stehen".[89]

Auf dem Weg zu einer Kirche der Gerechtigkeit und des Friedens (EKD-Synode 2019)

Die EKD-Synode verständigte sich im Herbst 2019 darauf, dass im aktuellen Handeln der Option „zivil statt militärisch" wirksam Raum gegeben wird. Das ist eine Weiterführung der Grundtendenzen der Friedensdenkschrift aus dem Jahr 2007, in der sich die EKD „dem Leitbild des Gerechten Friedens verpflichtet und sich für einen klaren Vorrang für gewaltfreie, zivile Instrumente der Konfliktbearbeitung ausgesprochen hat". Aufgrund der militärischen und technischen Entwicklungen seither und neuer Bedingungen für die Friedensarbeit wird nun festgehalten: „Der Einsatz von Gewalt ist immer eine Niederlage und stellt uns vor die Frage, ob wir im Vorfeld alles zur Prävention und gewaltfreiem Konfliktlösung getan haben", denn die „Bilanz militärischer Einsätze, die zur Beendigung von Menschenrechtsverletzungen führen sollen, ist enttäuschend". Daher lautet das Fazit: „Das Leitbild des Gerechten Friedens setzt die Gewaltfreiheit an

---

[89]   https://archiv.ekd.de/aktuell/edi_2016_09_09_weissbuch_brahms _rink_bundeswehr.html, dort Download (PDF) der Stellungnahme. Am 14.06.2017 hat die Bundesregierung die separaten Leitlinien „Krisen verhindern, Konflikte bewältigen, Frieden fördern" verabschiedet, vgl. https://www.auswaertiges-amt.de/de/aussenpolitik/themen/krisenpraevention/leitlinien-krisen/217444, dort Download.

die erste Stelle. Das wollen wir im Gebet, im eigenen Friedens-
handeln und im gesellschaftlichen Dialog immer weiter einüben.
Wir rufen die politisch Verantwortlichen dazu auf, militärische
Gewalt und kriegerische Mittel zu überwinden." Der Synoden-
beschluss[90] aktualisiert eine der Grundeinsichten der Friedensdenkschrift von 2007 „Aus Gottes Frieden leben – für gerechten
Frieden sorgen": „Das christliche Ethos ist grundlegend von der
Bereitschaft zum Gewaltverzicht (Mt 5,38ff) und vorrangig von
der Option für die Gewaltfreiheit bestimmt".[91]

Dialogbedarf, Klärungsbedarf und Handlungsbedarf

Gegenwärtige hochbrisante militärpolitische Entwicklungen wie
der Nicht-Beitritt Deutschlands zum Atomwaffenverbotsvertrag
müssen weiter im öffentlichen Diskurs bleiben, zumal sich laut
Koalitionsvertrag die CDU/CSU und SPD für die „weltweite veri-
fizierbare Abrüstung von allen Massenvernichtungswaffen" einsetzen wollen und die EKD -Synode ein „weltweites Moratorium
der Modernisierung der Atomwaffen" fordert. Dieses betrifft
auch die in Deutschland stationierten US-Truppen sowie den geplanten Ersatz von Tornado-Kampfjets der Bundeswehr durch
neue atomwaffenfähige Flugzeuge. Bereits 2007 präzisierte die
EKD-Denkschrift: „Aus der Sicht evangelischer Friedensethik
kann die Drohung mit Nuklearwaffen heute nicht mehr als Mittel legitimer Selbstverteidigung betrachtet werden."[92] Es
braucht eine gesamtgesellschaftliche Diskussion über die Wir-
kungsweise und Verbreitung von teilautonomen und unbe-
mannten Waffensystemen einschließlich sogenannter „Killerro-
boter". Dazu kommt der mehr und mehr unheimliche,
international nicht geklärte Einsatz unbemannter Drohnen und
Waffensysteme bis zu den verstärkten Forschungen zum Cyber-
krieg. Die Waffenproduktion und der Export von Waffen und

---

[90] Kundgebung der 12. Synode der EKD vom 13.11.2019,
https://www.ekd.de/kundgebung-ekd-synode-frieden-2019-51648.htm
[91] Aus Gottes Frieden leben – für gerechten Frieden sorgen. Eine Denkschrift
des Rates der Evangelischen Kirche in Deutschland, Gütersloh, 2. Aufl. 2007, S.
42 bzw. 46.
[92] Ebd. S. 103, Ziff. 161.

Kriegsgerät aufgrund langfristiger Lieferverträge machen Dilemmata offenkundig (auch im Blick auf die aktuellen Fragen der Klimagerechtigkeit). Angesichts dieser friedensethischen und friedenspolitisch verheerenden Desaster muss auch die Frage nach dem über Strukturfragen und die persönliche Seelsorge hinausgehenden friedensethischen Wirken der Seelsorgerinnen und Seelsorger für Soldaten und Soldatinnen der Bundeswehr auf den Prüfstand gestellt werden.[93]

Aufgrund dieses Problemstaus sind sachlich fundierte Auseinandersetzungen zwischen kirchlichen Positionen und wehrpolitischen sowie militärischen Optionen und Entscheidungen notwendig. Es besteht Handlungsbedarf, kirchliche friedensethische Positionen politikleitend ins Gespräch zu bringen. Bundeswehrkonzerte in Kirchen tragen nicht dazu bei. Sie „überspielen" eher mit Musik, was aktuell ohne Zeitverzug aus christlicher Friedensverantwortung zu klären ist. Freude an Musik und besinnliche Adventsstimmung bei Konzerten in der Advents- und Weihnachtszeit bringen nicht die Konfliktpunkte und Herausforderungen zutage, was es heute heißt, aus dem Frieden Gottes zu leben und diese Vorgabe – als Kernpunkt christlicher Friedenstheologie – in jetzt nötige Schritte umzuwandeln und an den Differenzen zu arbeiten, anstatt sich mit dem Beklagen der Dilemmata zu begnügen und in die „Sowohl-als-auch-Falle" zu geraten. Für gerechten Frieden zu sorgen, ist kein Beruhigungsprogramm, sondern führt in Kontroversen hinein, auch hinsichtlich der momentan prioritären Problematik der Klimaveränderungen. Für mehr Klimagerechtigkeit sind entschlossene Schritte zu einem gerechten Frieden ein Kernpunkt. Das Geflecht von friedenspolitischen Notwendigkeiten wird mit Bundeswehrkonzerten in Kirchen nicht entwirrt und auch nicht der Weg zu Veränderungen aufgewiesen.

---

[93] Sylvie Thonak: Evangelische *Militärseelsorge* und Friedensethik – eine Problemanzeige, in: *Evangelische Theologie Jg.* 72 (2012), 220-238. vgl. dies., Zur Zukunft der deutschen Militärseelsorge. Ecclesiola extra ecclesiam, Deutsches Pfarrerblatt 2015, 623-634, 642-44.

Vielmehr wird nach außen ein Bild der unterschiedslosen Übereinstimmung zwischen Staat und Kirche vermittelt. Der alte Vorwurf, die Kirche segne die Waffen, sitzt tief. Er bekommt frische Nahrung, nicht nur im Osten Deutschlands, wo dies in den Schulen gelehrt wurde.

Wo Differenzierungen und das Austragen von Kontroversen angesagt wären, wird Harmonie verbreitet. Stumm bleiben die Mühen und die nachhaltigen Erfolge von zivilem gegenüber militärischem Handeln: Frieden geht anders.[94]

Positionierung von Akteuren der Friedensarbeit

Vor einiger Zeit schon haben die Evangelische Arbeitsgemeinschaft für Kriegsdienstverweigerung und Frieden (EAK) und die Aktionsgemeinschaft Dienst für den Frieden (AGDF) gemeinsam ihre Kritik formuliert „Bundeswehrkonzerte haben in Kirchen nichts zu suchen". Stattdessen ist - in Weiterführung einer Tagung der Konferenz für Friedensarbeit im Raum der EKD im Januar 2012 - die Auseinandersetzung mit den unterschiedlichen Sicherheitskonzepten notwendig.[95] Die Friedensdenkschrift der EKD aufnehmend, die sich vorrangig für gewaltfreie Konfliktbearbeitung ausgesprochen hat, werden angesichts des militärgestützten Sicherheitskonzepts der Bundeswehr Kirchengemeinden aufgefordert, ihr Räume nicht für Musikformationen der Bundeswehr zur Verfügung zu stellen und zugleich einen Diskussionsprozess in den Kirchengemeinden über die Sicherheitskonzepte zu führen. Manche Reaktionen darauf in den

---

94 So der Titel einer Ausstellung der EKHN, http://friedensbildung.de/ausstellung-ausleihen/ausstellungsausleihe/ vgl. das Heft „gewaltfrei wirkt. Erfolge der Gewaltfreiheit", auch als Download https://www.paxchristi.de/artikel/view/5780189921411072/Neuauflage:%20Erfolge%20der%20Gewaltfreiheit.
95 Vgl. epd-Dokumentation Nr. 29/1012: „Säkular oder sakral? Militär und Kirche zwischen religiöser Sinnstiftung und politischer Vereinnahmung", ebenda S. 26-28 Nicole Fröchtenicht, Zur Problematik von Militärkonzerten in Kirchen, ferner: https://friedensdienst.de/aktuelles/agdf-und-eak-bundeswehrkonzerte-haben-kirchen-nichts-zu-suchen, dort auch Download (pdf) der Erklärung.

zurückliegenden Jahren teilen das Festhalten an einer früher getroffenen Entscheidungen mit. Andernorts sind Diskussionen innerhalb der Kirchengemeinden (und darüber hinaus) in Gang gekommen, nicht nur nach einer Neuwahl der Leitungsgremien der Gemeinde oder nach einem Wechsel der Pfarrerin oder des Pfarrers.

Die Entscheidungsverantwortung liegt den landeskirchlichen Regelungen zufolge zumeist bei den Kirchengemeinderäten und Presbyterien, mitunter verbunden mit einer Genehmigungspflicht durch übergeordnete Stellen bei Vermietung bzw. Überlassung der Kirche an Dritte, z.B. Kulturvereine, Konzertagenturen, kommunale Stellen oder die Bundeswehr (zuweilen auch mit Übertragung des Hausrechts).

Gute Nachbarschaft äußert sich darin, dass Differenzen und Kontroversen nicht unter den (Altar-) Teppich gekehrt werden trotz örtlicher Nähe. Das gilt hinsichtlich der Bundeswehrkonzerte wie für den gesamtgesellschaftlichen Diskurs. *„Die Kirche ist ein Dach für alle, nicht für alles"* - diese in den letzten Jahren der DDR kirchliche Grundregel kann zur Klärung helfen, da Imagepflege und Nachwuchsgewinnung einer Armee nicht ureigene Aufgaben der Kirche und im Kirchenraum sind. *„Wenn die Bundeswehr Konzerte in Kirchen durchführt, so wirbt sie zugleich auch für ihr militärgestütztes Sicherheitskonzept. Sie nutzt dabei die besondere Ausstrahlung und Prägung des Kirchenraumes. Für ihre Öffentlichkeitsarbeit und bedient sich des positiven Ansehens der Kirche in weiten Kreisen der Bevölkerung"*, heißt es in der erwähnten Erklärung.

Nach evangelischem Verständnis sind Kirchen nicht durch eine materiale Weihe bzw. dingliche Sakralität des Gebäudes, sondern (auch im Kontext der staatlichen Gesetzgebung zur Religionsfreiheit) durch ihren Widmungszweck (Dedikation) ausgezeichnet. Sie sind der christlichen Friedensbotschaft und deren aktuellen Konkretisierung verpflichtet. Insofern sind friedensethische Klärungen zur Entscheidungsfindung notwendig, auch im Blick auf den öffentlichen Dialog. Die grundsätzliche Kritik von Auftritten von Musikformationen der Bundeswehr in Kirchen betrifft auch Benefizkonzerte „für einen guten Zweck", die häufig diakonischen Projekten, der baulichen Erhaltung von Kirchen gewidmet sind, zumeist insgesamt oder anteilig auch sozialen Zwecke für die Soldatinnen und Soldaten und deren Familien. (Bundeswehr-Sozialwerk für Soldatinnen und Soldaten).[96]

Nichts tun oder was tun?[97]

Die Ausgrenzung von christlichen Soldatinnen und Soldaten und die Nichtachtung ihres Engagements in Katastrophen und logistisch komplizierten Notfällen ist nicht die Zielrichtung der Kritik an Bundeswehrkonzerten in Kirchen. Der unmittelbare Kontakt auf Augenhöhe ist notwendig, um sachgemäß im Dialog zu sein.

Die kontroversen Fragen zur Sicherheits- und Verteidigungspolitik und zu den Konkretisierungen, Kirche des gerechten Friedens zu werden, sind zunächst Frage an uns selbst, an die Kirchen und Kirchengemeinden. Welchen Raum und welchen Widerhall finden sie? Zur Debatte steht auch, welchen Rang in der eigenen generationsübergreifenden Friedensarbeit der „Vorrang für zivil" und die vorrangige Option für Gewaltfreiheit einnimmt. Welche Rolle spielt im Gemeindeleben das Gebet für den inneren und äußeren Frieden als Bestandteil einer aktuell ausgerichteten Spiritualität des Friedens?[98] Wie intensiv sind die qualifizierte Information und Diskussion zu aktuellen Entwicklungen?

---

[96] Das Bundeswehr-Sozialwerk e.V. unterstützt Angehörige der Bundeswehr finanziell und materiell, falls sie ein Handicap haben, unverschuldet in eine Notlage geraten, bei Auslandseinsätzen verwundet worden sind oder Hinterbliebene von gefallenen Soldaten sind.

[97] Vgl. Handreichung zu Konzerten der Bundeswehr in evang. Kirchen von OLKR Rainer Kiefer und Pastor Lutz Krügener, Ev.-Luth. Landeskirche Hannovers. Wegen Copyright-Verletzung nicht mehr verfügbar.

[98] Alexander Deeg, Frieden in der Liturgie und Liturgien des Friedens, Vortrag auf Generalsynode der VELKD am 8.11.2019, www.velkd. de/191209-DS09-Impuls-Prof-Deeg (PDF); Christoph Münchow, Plädoyer für eine Spiritualität des Friedens, Quatember 83. Jahrgang 2019, S. 175-186.

Eine Zusage oder Ablehnung für ein Konzert der Bundeswehr in der Kirche kann nicht als „Routinebeschluss" kurz vor Sitzungsende durchgezogen werden. Sie hat öffentlichkeitswirksame Signalwirkung mit geistlicher und gesellschaftlicher Relevanz. Sie steht im Kontext der allseits beklagten Zunahme von Gewaltbereitschaft und Gewalt. Eine belastbare Entscheidung ist eine Herausforderung für die mit der Gemeindeleitung Beauftragten und für die Gemeinde insgesamt, da die Positionen der 1980er Jahre im Westen wie im Osten eine Weiterentwicklung brauchen. Zeitüberdauernd ist dabei die grundlegende Zusage Christi nach dem Johannesevangelium "Meinen Frieden gebe ich euch" (Joh. 14,27) und die Ertüchtigung „Suche Frieden und jage ihm nach!" (Ps.34, 15).

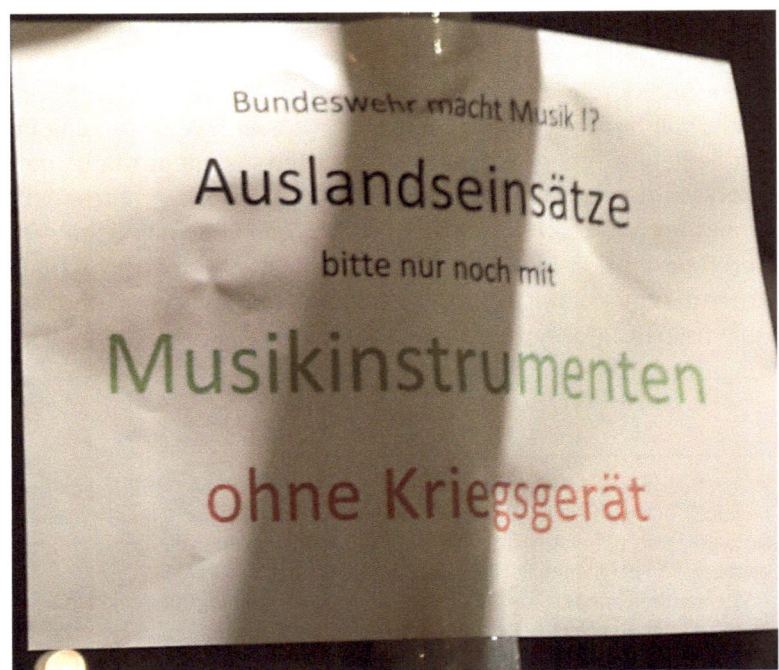

Unenglisch

Von Matthias-W. Engelke

Die Engelkunde ist außer Mode geraten. Nicht zu Unrecht. Die wilden Spekulationen darüber wie viele Engel auf einer Nadelspitze Platz fänden, machten die Theologie lächerlich. Dennoch wird weiterhin von Engeln gesprochen, Engeln im Straßenverkehr, von Schutzengeln, Engel als Boten, so wie sie ursprünglich gemeint waren.

Die Engelkunde, Angelologie, ist aber auch darum uninteressant geworden, weil sich der Blickwechsel geändert hat. Noch in der Antike bis ins 16. Jahrhundert – bis zu Descartes - hinein galt das, was wahrgenommen werden konnte, als grundsätzlich real, d.h. dem entsprach eine vorhandene Wirklichkeit in der Vorstellung der Menschen. Wenn ein Mensch im Traum erscheinen konnte, dann war im Traum ein entsprechendes Wesen gegenwärtig. Das Gleiche gilt für alle Phänomene zwischen Himmel und Erde, die sich dem bestätigenden und prüfenden Zugriff entziehen, aber dennoch wahrgenommen werden: Halluzinationen, Traumgebilde und Zwischenräume, die sich selbstständig machen. Diese Zwischenwelt ist mit „Mächtigen und Gewaltigen"[99] bevölkert. Sie wurden von Walter Wink[100] wieder neu in den Blick genommen, nachdem der Inhalt dieser Thematik aus der Theologie ausgewandert war und in der Rede von Strukturen und überindividuellen Ordnungen eine gegenwärtige neue Heimat fanden.

Gewiss eignen sich diese Vorstellungsformen erstklassig als Projektionsflächen für Eigenes. Wer beschreibt, was er für Wesen in den Wolken sieht, offenbart damit Teile seines Inneren. Die

---

[99] Epheser 6,12 nach der Lutherbibel, Ausgabe 2017, wie alle Bibelstellen in diesem Text.
[100] Wink, Verwandlung der Mächte

Dämonen, die an der Außenwand mittelalterlichen Kirchen angebracht waren, offenbaren die Innenwelt ihrer Erschaffer und Auftraggeber. Ist im Menschen Gutes wie Böses, spiegelt sich dies in Mächten und Dämonen im Himmelskosmos wider.

Diese himmlische Welt wird im Lukasevangelium befriedet. Zur Geburt Jesu singen die englischen Heerscharen über Bethlehem „Ehre sei Gott in der Höhe und Friede auf Erden bei den Menschen seines Wohlgefallens." (Lk 2,14) Beim Einzug Jesu in Jerusalem sind es nun seine Anhänger auf der Erde, die dem Himmel verkünden: „Gelobt sei, der da kommt, der König, in dem Namen des Herrn! Friede sei im Himmel und Ehre in der Höhe!" (Lk 19,38) In Gottes Reich und unter den Engeln herrscht Friede. Sie können nicht mehr zur Legitimation für Gewalt und Unrecht herangezogen werden. Vielleicht ist auch darum die Engelkunde uninteressant geworden?

Kirchenräume wurden als Orte der Gegenwart Gottes und seines Hofstaates wahrgenommen. Die Höhe der Kirche gab ihnen Raum. Singen und Musizieren galt als Vergegenwärtigung der Engelwelt. In der katholischen Liturgie heißt es als Teil des eucharistischen Hochgebets: „Durch ihn (das ist Christus) rühmen dich (den Vater) deine Erlösten und singen (hier und heute) mit den Chören der Engel (so wie einst in den Visionen Jesajas und des Sehers von Patmos) das Lob deiner Herrlichkeit: Heilig, heilig, heilig, Gott, Herr aller Mächte und Gewalten. Erfüllt sind Himmel und Erde von deiner Herrlichkeit." Mit dem Sanctus, „Heilig, heilig, heilig ..." wird der Ruf der Engel vor dem Thron Gottes aus der Jesaja-Vision[101] zitiert.

„Himmel und Erde verbinden sich, wenn die feiernde Gemeinde das Sanctus singt. Wenn wir in dieses immerzu in der Gegenwart Gottes erklingende Sanctus einstimmten, dann stehen wir mit den Engeln und Heiligen in seiner Gegenwart – und das ist

---

[101] Jesaja 6,3

immer schon ein Stück Himmel auf Erde", erläutert das liturgische Institut[102] aus Freiburg (Schweiz).

Die Botschaft Jesu vom herannahenden Gottesreich, von dem Anbruch von Gottes neuer Welt, wird im Gesang der Gemeinde und ihrer Musik gefeiert. Es sind Lieder und Musik, die Gottes Frieden über diese Welt ausrufen.

Militärmusik vergegenwärtigt eine andere Welt

Menschen in der Uniform einer Armee repräsentieren jede und jeder für sich den Teil staatlicher Gewalt, die für sich in Anspruch nimmt über tötende Gewalt zu verfügen. Nur in solch einer Uniform und nach einem entsprechenden Befehl wird Menschen zugemutet und ist es ihnen gestattet andere Menschen zu töten, zumal wenn sie gleichfalls uniformiert sind und als feindlich ausgemacht worden sind. Dazu bedarf es in Deutschland eines Beschlusses des Parlaments. Soldaten wird von der Gesellschaft unter bestimmten Umständen gestattet, die Grundlage einer zivilen Gesellschaft zu verletzen, das Tötungstabu. Zugleich wird ihnen zugesichert, rechtlich deswegen nicht belangt zu werden, wenn sie dabei nach Befehl und Auftrag gehandelt haben. Das ist dann auch unabhängig davon, wie viele der als Feind erklärten anderen Soldaten ein Soldat oder eine Soldatin umgebracht hat. Wenn ein Befehl nur dann so ausgeführt werden kann, dass zivile Opfer unvermeidbar sind, wird auch dies billigend in Kauf genommen. Diese Opfer werden verschleiernd und euphemistisch Kollateralschaden genannt.

---

[102]   https://www.liturgie.ch/hintergrund/eucharistiefeier/eucharistiefeier/152-sanctus - zuletzt eingesehen am 16.10.2023. Vergleiche die Anweisung aus *Instituta patrum de modo psallendi* aus dem 11. Jahrhundert: „'Donnerndes, Zischendes, Gewieher und Eselsgeschrei, Rindergebrül und Schafsblöken, auch weibische Klänge, jede Verfälschung (falsitatem) der St.[Stimme?], Geprunk (jactantiam) und Neuerung (novitatem) lehnen wir ab und verbieten wir in unsern Chören, weil sie mehr Narrheit und Dummheit als Frommsein bekunden; solche Klänge gebühren sich nicht unter Geistlichen in Gegenwart Gottes und seiner Engel auf heiligem Boden'." In: Moser: Art. Gesangskunst, 1892/27368.

Ein Mensch in militärischer Uniform und als Soldat oder Soldatin ist unlösbar damit verbunden, dass ein Staat für sich in Anspruch nimmt, das Tötungstabu unter bestimmten Umständen außer Kraft zu setzen. Wenn staatliche Gewalt dies für geboten hält, auch massenhaft (Atomwaffen).

Auch wenn für Protestanten Kirchen keine geheiligten Räume sind, heilig ist Gott und ihm sind alle Menschen heilig, wird ein Gebäude, sobald sich darin eine christliche Gemeinde versammelt zu einem Ort, an dem mit der Gegenwart Jesu zwischen den Glaubenden ein Friedensraum entstehen kann. Dort wird der Sieg Jesu über den Tod gefeiert. Die Befreiung von Angst löst Zungen und Glieder. Der Gesang der christlichen Gemeinde kann dem Ausdruck geben.

Die christliche Gemeinde feiert mit dem Auferstandenen Jesus in ihrer Mitte. Dieser Sieg über den Tod ist nicht vereinbar damit, Fertigkeiten zu erwerben und weiterzugeben, wie Menschen in den Tod befördert werden. Eine Armee muss aber genau dies beherrschen, und zwar möglichst effektiv. Gesang und Musik der christlichen Gemeinde vergegenwärtigen den Jubelruf der Engel über Bethlehem. Was also hat Militärmusik in Kirchen zu suchen?

Literatur

Moser, Hans Joachim: Art.: Gesangskunst. In: Musik in Geschichte und Gegenwart, Band 4, S. 1889-1908/Bildschirmseiten 27364-27403. 1. Auflage, Kassel 1986, Berlin 2001

Jürg Stuker / Josef-Anton Willa: Sanctus. „Dem Himmel ist das Singen zu eigen"[103]

Wink, Walter: Verwandlung der Mächte. Eine Theologie der Gewaltfreiheit. Regensburg 2014.

---

[103] In: https://www.liturgie.ch/hintergrund/eucharistiefeier/eucharistiefeier/152-sanctus - zuletzt eingesehen am 16.10.2023

III. Erfahrungen und Proteste

Hier beginnt der dritte Hauptteil von den insgesamt drei Hauptteilen dieses Buches: (I.) Empirisch, wissenschaftlich, (II.) Theologisch, kirchlich, biblisch und (III.) Erfahrungen und Proteste.

Militärmusik in Dresdner Kirchen

Von Stefan Gehrt

In chronologischer Reihenfolge, 2014-2019

(A.) Die Bundeswehr in der Frauenkirche 2014

Alles beginnt am 29. März 2014. Ich traue meinen Augen kaum, als ich auf der Kirchen-Seite der Dresdner Neuesten Nachrichten lese:[104]

Die Bundeswehr zieht mit Pauken und Trompeten in die Dresdner Frauenkirche ein. Am 30. April gestaltet ihr Erfurter Wehrbereichsmusikkorps einen Gottesdienst mit, wie eine Bundeswehrsprecherin mitteilte. Geleitet werden die 60 Profimusiker von Chefdirigent Oberstleutnant Roland Kahle. Ihr Repertoire reicht von Bearbeitungen klassischer Werke über Kompositionen für Blasorchester bis zu Swing, Pop und Filmmusik. Wichtiger Bestandteil sind internationale Märsche. Leiten soll den musikalischen Gottesdienst Pfarrer Holger Treutmann. Dort werde es unter anderem um die „differenzierte Wahrnehmung der Streitkräfte" gehen, so Treutmann.

---

[104] Alle Original-Dokumente, die mit diesem Friedensprotest gegen Militär-Kirchen-Konzerte zu tun haben, befinden sich im Thüringer Archiv für Zeitgeschichte.

Veranstalter des Gottesdienstes sind neben der Frauenkirchen-stiftung der Kommandeur des Landeskommandos Sachsen, Oberst Michael Knop, sowie Sachsens Innenminister Markus Ul-big (CDU).

Ich kann mir nicht vorstellen, dass diese Planung an diesem Ort in Dresden unwidersprochen oder gar unbeachtet bleibt. Nach Impulsen von Pfr. Rainer Schmid und wesentlichen Argumenten meines Freundes Andreas Ilse habe ich die Idee, wegen des Militärmusik-Gottesdienstes in der Dresdner Frauenkirche gemeinsam einen Offenen Brief zu veröffentlichen und zur Unterzeichnung weiterzugeben. Andreas und ich kennen uns, seit wir 1983 bis 1985 zur Zeit der Raketenstationierungen in Prora als Bausoldaten am Hafen Mukran arbeiteten. Wir haben gemeinsam die Fälschung der Kommunalwahlen auf Rügen im Mai 1984 nachgewiesen und reklamiert, sowie einen Brief an NVA-Minister Hoffmann geschrieben, in dessen Folge es im Juli 1984 zum ersten und letzten Gespräch eines DDR-Verteidigungsministers mit Bausoldaten kam – den damaligen Waffenverweigerern in Uniform.

Soldaten im Dienst und kirchlicher Verkündigungsauftrag

Sehr bald stellt sich als eine zentrale Frage die nach dem Verhältnis zwischen Soldaten im Dienst und kirchlichem Verkündigungsauftrag heraus. Wir formulieren zunächst: *Natürlich dürfen Soldaten in eine Kirche gehen, sie dürfen dort auch musizieren. Da es hierzulande aber keine Staatskirche gibt (Artikel 140 GG), sind nach unserer Auffassung dienstlicher Auftrag der Bundeswehr und Verkündigungsauftrag der Kirche klar und eindeutig voneinander zu trennen. Auch die Frage, ob ein Landeskommando der Bundeswehr überhaupt zu einem Gottesdienst in eine Kirche einladen darf, muss unseres Erachtens entschieden verneint werden.*

Prof. Ulfried Kleinert von der Evangelischen Hochschule für Soziale Arbeit Dresden formuliert es in einer Presseerklärung vom 12.04.2014 wie folgt:

> *Es geht um ein klares Nein zur Instrumentalisierung eines Gottesdienstes. Gemeinde und Pfarrer der Frauenkirche und der Militärseelsorge können allein oder miteinander Veranstalter eines Gottesdienstes sein. Veranstalter kann aber nicht das Standortkommando der Bundeswehr gemeinsam mit der Stiftung Frauenkirche und dem Innenministerium sein – so die ursprüngliche Ankündigung des Gottesdienstes. In einem Gottesdienst kann selbstverständlich z.b. auch für den Einsatz der Bundeswehr bei der Fluthilfe gedankt werden. Ein Gottesdienst kann aber nicht insgesamt zu einem „Gottesdienst für den Einsatz der Bundeswehr" werden, wie es die Stiftung Frauenkirche in ihrer Stellungnahme vom 04.04.2014 mitteilt.*

Monty Schädel, Politischer Geschäftsführer der Deutschen Friedensgesellschaft-Vereinigte KriegsdienstgegnerInnen bezieht sich auf den „Ruf aus Dresden" vom 13. Februar 1990. Darin hieß es: *„Wir rufen auf zu einer weltweiten Aktion des Wiederaufbaues der Dresdner Frauenkirche zu einem christlichen Weltfriedenszentrum im neuen Europa. In diesem Gotteshaus soll in Wort und Ton das Evangelium des Friedens verkündet, sollen Bilder des Friedens gezeigt, Friedensforschung und Friedenserziehung ermöglicht werden."*

Monty fragt: *Was bleibt davon heute noch übrig? Soll die Frauenkirche jetzt – wieder aufgebaut – Werbeträger für eine Armee sein, die sich in verschiedenen Kriegseinsätzen befindet? Die Soldaten des Militärmusikdienstes sorgen durch öffentlichkeitswirksame Veranstaltungen für ein gutes Ansehen der Bundeswehr. Sie werden vom Bundesministerium für Verteidigung organisiert und bezahlt. Auch wenn sie Jazz oder fromme Lieder spielen, werben sie für das Militär. Gerade auch in Kirchen und Gottesdiensten und mit Hilfe medienträchtiger Spendenaktionen.*

Sein Motto: *Musik soll über die Grenzen der Sprachen, Kulturen und Religionen hinweg der Verständigung dienen: Schwerter zu*

Pflugscharen! Marschmusik zu Tanzmusik! Kein Werben für das Töten und Sterben!

Womöglich ist das eine sächsische Priorität vor dem Hintergrund des Dritten Reiches und der DDR-Zeiten: Ein Oberst steht nicht auf der Kanzel, ein Heeresmusikkorps ersetzt keinen Kantor - beides allenfalls in der Freizeit, und dann sollte das nicht in Uniform geschehen. Die katholische Kirche hat dafür den geradezu klassischen Satz geprägt: Es soll „jeder in der Ausübung seiner Aufgabe *all das und nur das* tun, was ihm aus der Natur der Sache und gemäß den liturgischen Regeln zukommt." *(II. Vatikanisches Konzil)*

Der Offene Brief vom 2. April 2014

Der Brief will den notwendigen theologischen, kirchlichen und politischen Diskurs nicht ersetzen, jedoch wesentliche Aspekte aus Sicht der Unterzeichnenden zur Sprache bringen:

1.) Der Einzug der Bundeswehr „mit klingendem Spiel" in die Dresdner Frauenkirche ist kein einmaliger Vorgang, sondern steht im Kontext mit Bemühungen, das durch völkerrechtlich umstrittene Aktionen im Ausland beschädigte Ansehen der Bundeswehr mit Hilfe medienträchtiger Benefizveranstaltungen in Kirchen aufzuwerten. Dabei geht es im Vorfeld u.a. um die Preisgabe des kirchlichen Hausrechts. Dieses Ansinnen hat die Bundeswehr auch im Blick auf den am 30.04.2014 geplanten Gottesdienst geäußert.

2.) Selbstverständlich können Soldaten, wie jeder andere auch, am kirchlichen Leben teilnehmen, Gotteshäuser aufsuchen und Gottesdienste mitfeiern. Ich persönlich habe seit dem Gespräch mit NVA-Minister Hofmann und Kessler 1984 und meiner Tätigkeit als Dekanatskantor in Fürstenfeldbruck keine Berührungsängste mit dem Militär. Aber die Bundeswehr hat keinen Verkündigungsauftrag, sie hat auch nicht in Kirchen einzuladen und auch nicht Gottesdienste zu veranstalten. Ihre Befehlsgewalt und dienstlichen Aufträge enden spätestens vor der Kirchentür.

Erst recht an einem so geschichtsträchtigen Ort wie der Dresdner Frauenkirche.

3.) Wir versuchen deutlich zu machen, dass der Platz der Kirche nicht irgendwo beliebig in der Mitte zwischen allem Möglichen und Unmöglichen zu suchen ist, sondern am Rand der Gesellschaft, z.b. bei den unschuldigen Opfern deutscher Rüstungsexporte, die kein „Zeugnis der Getroffenheit" mehr ablegen können, wie der Dresdner Pfarrer Erich Busse in seinem Brief an Landesbischof Bohl schreibt.

Als Adressaten des Briefes kommen infrage:

• das Kuratorium der Stiftung Frauenkirche; geborener Vorsitzender des Stiftungskuratoriums ist der Landesbischof der Evangelisch-Lutherischen Landeskirche Sachsens,

• das Pfarrbüro der Frauenkirche und der Referent für Geistliches Leben an der Frauenkirche,

• außerdem Frau Martina de Maizière (die ihr Kommen zugesagt hat) sowie

• die Tageszeitung Dresdner Neuesten Nachrichten, die die Meldung veröffentlichte, und

• die sächsische Kirchenzeitung DER SONNTAG.

Den Titel „Ruf aus Dresden 2014" verwerfen wir als zu pathetisch. Da wir FÜR etwas werben wollen, entscheiden wir uns „Für eine Frauenkirche ohne Militärmusik". Wir erinnern uns dabei auch an ein Foto von Hans Hoch. Es zeigt, was es 1982 schon einmal gab: Panzer vor der Kirchentür – als Werbeveranstaltung für die Armee. Wir sind uns einig: Das Wissen darum, welch zwielichtige Rolle die Frauenkirche als Schau-Platz innerhalb des Dritten Reiches spielte, soll die Freude an ihrer Schönheit nicht schmälern. Im Gegenteil: Ein sensibler Umgang ist angesagt.

Foto: Panzer vor Kreuzkirche 1982, Copyright: Hans Hoch

Mir wird während des Formulierungsprozesses deutlich, dass wir durch unsere je eigene Vergangenheit und durch unterschiedliche Erfahrungen gleichen Worten mitunter sehr unterschiedliche Bedeutung geben – und uns dennoch in Motivation und Zielen zusammenfinden können. Das ist für mich ein spannender Prozess! Der Brief trägt das Datum vom 02. April 2014. An diesem Tag waren wir 18 Unterzeichnende. Später, am Tag der Veranstaltung, hat unser Protest bereits über 800 Unterschriften, Briefe und E-Mails an den Bischof ausgelöst.

Straßenkünstler empfangen Militärmusiker

Mein Bruder Friedemann Gehrt vom Meißner Friedensseminar und Monty Schädel entwerfen gemeinsam Bonmots:

Musik soll über die Grenzen der Sprachen, Kulturen und Religionen hinweg der Verständigung dienen: Schwerter zu Pflugscharen! Marschmusik zu Tanzmusik! Kein Werben für das Töten und Sterben!

Wenn Militärmusiker Zivilmusiker werden,

- *haben die Dresdner Musikschulen keinen Lehrkräftenotstand mehr,*

- *werden die Orchester nicht einem Streich-Konzert zum Opfer fallen,*

- *können Dresdner Theater auf Musikkonserven verzichten, zu Gunsten von Live-Musik,*

- *müssen Kirchenmusiker nicht viele Gemeinden gleichzeitig betreuen,*

- *wird Musik gemacht und nicht Werbung für das Militär!*

Mit Schwung und guter Laune entwickeln wir Szenarien, die Militärmusiker auf sehr humorvoll-kreative Weise durch Straßenkünstler (wie Straßenmusiker usw.) zu empfangen. Nichts ist geklärt; aber es gibt erstmal allerhand Leute, die das Knowhow beherrschen – und auch Interessierte (dazu zählen Studierende und Lehrende der Evangelischen Hochschule für Soziale Arbeit und Lebenslaute e.V.). Wir vereinbaren ein einziges Treffen im Ökumenischen Informationszentrum, um alle Varianten gemeinsam durchzusprechen. Ohne Verpflichtung, etwas zu übernehmen. Sondern nur mit der versammelten kreativen Kompetenz.

Wir entscheiden uns für einen fröhlichen Protest: Mit Straßenmusikern und bunten Fahnen. Außerdem sollen es eher WENIGE Protestleute sein, die sich relativ gut mit dem Thema „Kirche und Militär" auskennen. Nicht viele Demonstranten, die sich wenig mit dem Thema auskennen. Wir wollen bewusst keine klassische Demonstration, und keine öffentlichen Reden. Unsere Einschätzung: Die Dresdner Bevölkerung möchte keine Demonstrationen mehr. Besonders keine Antifa- und Autonomen-Demos.

Monty bringt einen Flyer mit den Bonmots in Umlauf. Allerdings können wir uns nicht entscheiden, das von mir favorisierte Foto aus dem Jahr 1957 zu verwenden:

Gleichzeitig erreichen uns Interviewanfragen der Tageszeitungen und des MDR. Wir wissen, „wer Presse kann" und vermitteln geeignete Ansprechpartner.

Drei von über achthundert Stimmen

Unüberschaubar viele Sympathiebekundungen erreichen uns. Drei davon sollen hier auszugsweise zu Wort kommen:

Sehr geehrter Herr Bischof Bohl,

ich kann es nicht fassen: das Militär feiert in der Frauenkirche.

Ich bin Dresdener, war beim Angriff 3 Jahre, 3 Monate. Der Schock sitzt bis heute tief, und der umgestürzte Luther vor den Stumpfresten der vor Wut über diesen Krieg geplatzten Frauenkirche hat sich mir tief eingeprägt. Ich war gegen den Wiederaufbau, für die Erhaltung dieses Mahnmahls: auch ein Mahnmal gegen die Krieg rechtfertigende Kirche. Es ist Auftrag (und Chance) der Kirche, alles dafür zu tun, dass Konflikte wahrgenommen, ernstgenommen und gewaltfrei bearbeitet werden – ohne Wenn und Aber. Das Dilemma, von dem so viel klug geredet wird, verursachen diejenigen, die Rüstungsgüter produzieren und verkaufen und anwenden und die das rechtfertigen und beflissentlich die dahinter stehenden Interessen übersehen. Das zu beenden, können wir einen entscheidenden Beitrag leisten. Aber nur, wenn wir nicht schillernd zweideutig fahren und gleichzeitig dem Militär den roten Teppich ausrollen.

Das Ökumenische Netz in Deutschland hat dazu den entscheidenden Antrag für die ÖRK-Vollversammlung und den dort beschlossenen Pilgerweg der Gerechtigkeit und des Friedens eingebracht, der nun auch in unseren Synoden zu entsprechenden Beschlüssen führen muss.

Mit entsetzten Grüßen

Michael Held (mein Vater war Oberkirchenrat im Landeskirchenamt der Ev. Luth. Landeskirche Sachsens)

Arbeits- und Koordinierungsstelle PRAKTISCHE SCHRITTE für Gerechtigkeit, *Frieden und Bewahrung der Schöpfung, 36251 Bad Hersfeld*

Kommentar der Ökumenischen Versammlung in Mainz zum Militär in der Frauenkirche

Wir sind hier in Mainz zusammengekommen zur 2. Ökumenischen Versammlung im wiedervereinten Deutschland. Sie steht unter dem Thema „Die Zukunft, die wir meinen – Leben statt Zerstörung". Damit treten wir ein für eine Kirche, in der das Bündnis mit Krieg und Gewalt der Herrschenden beendet ist.

Wir wollen nun viele Orte schaffen für Frieden und Versöhnung in Gerechtigkeit zum Schutz der Schöpfung vor Missbrauch, Zerstörung und Vernichtung!

Eurer heutigen Aktion vor dem „christlichen Weltfriedenszentrum Frauenkirche" wünschen wir einen friedlichen Verlauf und positive Nachwirkungen.

Mainz, am 30.04.2014, www.oev2014.de

aej-Pressemitteilung 5/2014

Für eine Frauenkirche ohne Militärmusik

„Unser christlicher Glaube begründet eine evangelische Friedensethik, die sich am Leitbild des gerechten Friedens orientiert und auf zivilen Mitteln der Konfliktlösung basiert. Ein musikalischer Gottesdienst in der Frauenkirche zusammen mit der Bundeswehr und einem musikalischen Repertoire, das auch traditionelle Marschmusik umfasst, ist ein falsches Zeichen", so Dr. Thomas Schalla, der Vorsitzende der aej. „Dies lehnen wir entschieden ab", so Schalla weiter.

Die aej sieht die vorrangige Aufgabe Deutschlands bei der internationalen Friedenssicherung vielmehr in Projekten zum

Aufbau ziviler Infrastrukturen und in frühzeitig ansetzenden Maßnahmen zur zivilen Konfliktlösung.

Martin Weber, aej

30. April 2014

Leider reagieren mehrere Dresdner Kirchenmusikprofessoren und Theologen, deren Stimme erhebliches Gewicht besitzt, auf unsere Bedenken entweder gar nicht bzw. abweisend oder sehr distanziert. Politische Mobilisierung innerhalb der Kirche ist schwer. Allerdings finde ich es schon bemerkenswert, dass in Dresden kaum jemand daran denkt, dass genau vor 25 Jahren die Ökumenische Versammlung in Dresden ihren Höhepunkt gefunden hatte. Und dass ausgerechnet am Tag der Eröffnungsveranstaltung der 2. Ökumenischen Versammlung in der Christuskirche Mainz das Erfurter Wehrbereichsmusikkorps in der Frauenkirche Dresden musiziert…

Musikalischer Gottesdienst und Podiumsgespräch

Der Gottesdienst mit klingendem Spiel der Bundeswehr beginnt am 30.04.2014, 20:00 Uhr in der Frauenkirche. Anschließend wird zu einem Podiumsgespräch in die Unterkirche der Frauenkirche eingeladen mit dem Kommandeur des Landeskommandos Sachsen, Oberst Michael Knop, dem Sächsischen Staatsminister des Innern, Markus Ulbig, einem Vertreter der Stiftung Frauenkirche sowie Dompfarrer Matthias Gürtler/Greifswald, früher Eggesin, als dem Vertreter der Kritiker. Die Moderation übernimmt Frank Richter (als Direktor der Sächsischen Landeszentrale für politische Bildung, Mitgründer der „Gruppe der Zwanzig"). Es besteht für alle Anwesenden die Möglichkeit, sich an der Diskussion zu beteiligen. Aufgrund der intensiven öffentlichen Kontroverse hatte sich die Stiftung Frauenkirche für dieses Forum entschieden.

Matthias Gürtler bringt zum Podiumsgespräch zwölf Sätze mit. Darin heißt es:

3. Am 30.04.1989 ging die Ökumenische Versammlung in der Dresdner Kreuzkirche zu Ende. Die Teilnehmer erkannten den Zusammenhang zwischen den Fragen der Gerechtigkeit, des Friedens und der Bewahrung der Schöpfung. Die Versammlung wollte die Kirche bewegen, „Kirche des Friedens" zu werden, das heißt: „... versöhnungsbereiter, menschenfreundlicher, veränderungsfähiger zu werden, heißt umzukehren in die Nachfolge Christi." Christoph Münchow hat diese Themen „Überlebensthemen" genannt: „Diese Themen dürfen nicht aus den Kirchen auswandern!" (Ökumenischer Rundbrief 2009)

4. In derselben Stadt findet ein Gottesdienst statt, zu dem das Landeskommando Sachsen der Bundeswehr, der Innenminister Sachsens und die Stiftung der Frauenkirche gemeinsam einladen. Eine Gruppe aus Dresden und anderen Orten hat dagegen Einspruch erhoben mit der Bitte, den Gottesdienst allein in die Verantwortung der Kirche zu nehmen.

Diesen Einspruch haben bis heute mehr als 800 Menschen unterschrieben.

5. Wenn die Kirche ihr Gebäude zur Verfügung stellt und mit dem Militär gemeinsam einlädt, signalisiert sie Zustimmung zu militärischer Gewalt.

6. Das passt nicht zusammen mit dem Herrn der Kirche, Jesus Christus, der die gewaltfreie Austragung von Konflikten gepredigt und gelebt hat.

7. Der jüdische Bibelausleger Pinchas Lapide fragt: „Die Bergpredigt − Utopie oder Programm?" und antwortet: Jesus „fordert seine Jünger auf, einen Anfang zu machen in Form einer einseitigen Vorleistung ..., um so den uralten Teufelskreis von Hass und Gegenhass, von Gewalt und Gegengewalt zu sprengen".

8. In dieser Konsequenz liegt es, Geld in der BRD umzuverteilen in zivile Methoden der internationalen Streitschlichtung. Von 1999 bis 2013 haben Bundeswehreinsätze 32,5 Milliarden Euro gekostet, der zivile Friedensdienst 0,25 Milliarden Euro erhalten. (Quelle: Forum Ziviler Friedensdienst)

9. Wir brauchen die „Phantasie des Friedens", um nicht stehen zu bleiben bei der Logik: Gewalt muss mit Gegengewalt beantwortet werden.

10. Das Evangelium zu verkündigen heißt, eine Welt anzustreben, in der alle froh sein können. Frieden und Gerechtigkeit sind miteinander verwoben.

Ein Teilnehmer schreibt nach dem Abend diesen Erlebnisbericht:

Wie war es in Dresden am Mittwoch? Wir (meine Frau und ich) waren ca. 18.30 Uhr vor der Frauenkirche. In „gebührendem" Abstand standen einige Menschen mit Plakaten, einige verteilten Papiere, ein Infotisch (DFG-VK, Monty Schädel). Pfarrer Treutmann, den ich ansprach, sagte mir, eine Demonstration sei angemeldet worden. Das war ja dann die „stationäre Demonstration", nach meinem Eindruck stärker von den „Linken" als von kirchlichen Protestierenden wahrgenommen.

Die Frauenkirche war voll besetzt, in unserem Rücken (wir saßen in der letzten Reihe) Sicherheitsleute und einige Fotografen, ständig unterwegs ein Fotograf der Bundeswehr (im Gottesdienstheft: „Von Film- und Fotoaufnahmen im Kirchraum bitten wir abzusehen...''). Eine Stimmung der Dankbarkeit für die Hochwasserhilfe kam in mir nicht auf. Warum waren die anderen, zivilen Helfer nicht dabei? Auf der ersten Seite des Gottesdiensteftes: „Musikalischer Gottesdienst", nicht „Dankgottesdienst". Er schien mir zusammengesetzt zu sein aus den Musikstücken des Musikkorps und Gottesdienstelementen, die oft nicht zueinander passten, zum Beispiel die Seligpreisungen, auf die „Pomp and Circumstance March Nr.1" folgte. Die Seligpreisungen gingen in dieser Musik unter, sie kamen nicht mehr zur Wirkung. Die beiden Predigten (eine meditative über helle und dunkle Steine der Frauenkirche und eine über den Frieden) hinterließen in mir den Eindruck, dass der Frieden in schweren Schuhen[105] steckt. Ich erwartete die leichten Sandalen der

---

[105] Eine Anspielung auf die Stiefel der Soldaten.

Bergpredigt, mit denen wir im Gottesdienst den Gipfel des Berges[106] erreichen können – und weiten Raum finden.

Das anschließende Podiumsgespräch war gut besucht, einige von den Erstunterzeichnern waren dabei. Die Militärs und Familienangehörige waren wohl in der Überzahl, was am Beifall zu bemerken war. Oberst Knop kritisierte, dass die Protestierenden sich nicht an ihn persönlich gewendet haben, sondern den Weg über die Presse wählten. Er führte aus, dass die bisherigen Bundeswehreinsätze, an denen er persönlich teilnahm, Konfliktsituationen befriedet hätten. Eine wirkliche Verständigung gab es im Podiumsgespräch kaum. Pfr. Gürtler äußerte den Wunsch, das Gespräch auf direktem Weg weiterzuführen.

Das sind einige Eindrücke. Wir haben nach dem Gottesdienst noch mit dem Dresdener Superintendenten gesprochen. Ich hatte den Eindruck, dass er in den Gremien die Militärbeteiligung thematisieren wird.

Resümee und Nachklänge

Die Bundeswehr werden wir wohl nicht ändern. Das weiß auch Kommandeur Knop. Aber die Haltung der Kirchen zum Militär zu hinterfragen, das war das Ziel unseres Einspruchs.

Als Andreas Ilse (mit dem ich die ersten Entwürfe des Einspruchs diskutiert habe) und ich vor vierzig Jahren im Mai 1984 die offenkundige Fälschung der Kommunalwahlen auf Rügen anfochten (in unserem Wahllokal waren 94 Nein-Stimmen öffentlich ausgezählt, aber dann nur 40 Nein-Stimmen für den ganzen Kreis veröffentlicht worden) kam aus dem Dresdner Landeskirchenamt lediglich eine Spruchkarte: „Gott, gib mir die Gelassenheit, Dinge hinzunehmen, die ich nicht ändern kann, den Mut,

---

[106] Eine Anspielung auf Jesaja 52,7 (nach der Lutherbibel, Ausgabe 2017) „Wie lieblich sind auf den Bergen die Füße des Freudenboten, der da Frieden verkündigt, Gutes predigt, Heil verkündigt, der da sagt zu Zion: Dein Gott ist König!"

Dinge zu ändern, die ich ändern kann, und die Weisheit, das eine vom anderen zu unterscheiden."

Ich meine: Nach wie vor hat Kirche die Spiel- und Handlungs-Räume zwischen Widerstand und Ergebung auszuloten und auch auszureizen. Sie muss sich nicht weismachen lassen, dass nur die Bundeswehr vom Hochwasser rettet und das Technische Hilfswerk dafür nur ungenügend ausgerüstet ist. Sie muss sich auch nicht weismachen lassen, dass dank einer gottesdienstlichen Benefizaktion der Bundeswehr in Dresden endlich ein Bahnhofsdienst eingerichtet wird. Den gab es schon, aber er war wieder geschlossen worden. Inzwischen gibt es in Dresdner Hauptbahnhof eine Bahnhofsmission der Kirchen. Sie steht besonders den geflüchteten Ukrainerinnen und Ukrainern – unter denen viele Kriegsdienstverweigerer zu finden sind – mit Rat und Tat zur Seite.

Antworten auf unseren Einspruch kommen vom Landesbischof und der Synode. Bischof Bohl antwortet zunächst als Vorsitzender des Kuratoriums Frauenkirche, dann als Vorsitzender der sächsischen Kirchenleitung. Ein halbes Jahr später kommt die Antwort aus der Synode (und zwar vom Synodalpräsidenten); dazu muss man wissen, dass die Synode eigentlich nie zeitnah antwortet, da eine Eingabe in der Regel erst einmal an einen Ausschuss verwiesen und gern auch danach zuständigkeitshalber an einen anderen Ausschuss weiterverwiesen wird. Ob es tatsächlich nicht möglich ist, innerhalb einer Sitzungsperiode sich mit einer Eingabe zu befassen, darüber mag ich nicht spekulieren...

Für die Zukunft wünsche ich mir, dass unser Denken und Handeln nicht so sehr von Notlösungen bestimmt wird, sondern davon, Lösungen für die Not zu finden. Dazu brauchen wir weite Horizonte und lockende Visionen.

Bundeswehrmusik in der Dresdner Annenkirche 2017

Auch diese Ereignisse in chronologischer Reihenfolge:

15. Dezember 2017: Anruf des MDR und Check-Liste

Heute am späten Nachmittag ruft bei mir eine Redakteurin von MDR-Kultur an und fragt, was wir so planen gegen die diesjährige Militärmusik... – Wir hatten gegen eine entsprechende Veranstaltung in der Frauenkirche am 30.04.2014 demonstriert. Mitten in die Advents- und Weihnachtszeit: diese Anfrage an einen Kirchenmusiker! Erst dadurch werde ich auf die Notiz in den heutigen Dresdner Neuesten Nachrichten aufmerksam: „Die Bundeswehr lädt am 20. Dezember zu einem Benefiz-Advents-konzert mit dem Luftwaffenmusikkorps Erfurt in die Dresdner Annenkirche an der Annenstraße unweit des Postplatzes ein..."

Rainer Schmid sendet mir umgehend eine Check-Liste zum Vor-Ort-Protest gegen Militär-Advents-Konzerte in Kirchen:

1. Ein Buch mit kurzen Friedenstexten mitnehmen! Zum Vorlesen, gegen die Langeweile, denn ein oder zwei Stunden in der Kälte können lang sein.

2. Wichtig: SEHR WARME KLEIDUNG!!!!!!!

3. Zwei Thermoskannen mit heißen Früchtetee + Tassen

4. Plätzchen etc.

5. Friedensfahnen

6. Zweihundert Flugblätter, schwarz-weiß

7. Vierzig leere Marmeladegläser mit Kerzen

8. In den Tagen vorher der Lokalpresse (Lokalradio, Lokal-TV, Lokalzeitung) Bescheid sagen

9. Am Abend selbst: Fotos von der Kundgebung machen

10. Falls Reden gehalten werden: Manuskripte einsammeln, für die Website

Bewährt hat sich: Kundgebung ab 75-60 Minuten vor Konzertbeginn, bis zum Beginn des Konzertes. Bitte 15 Minuten für das Abbauen einplanen. Das heißt, man sollte beim Ordnungsamt einen großzügigen Zeitrahmen anmelden!

Sehr feierlich und wirksam: Eine Trompete spielt drei Friedenslieder.

Später wird sich herausstellen, dass darunter besonders wichtig sind: warme Sachen, Tee, Gläser, Lichte, Hingucker – z.b. ein Banner oder Aufsteller „Schwerter zu Pflugscharen". Ergänzen möchte ich die Liste um folgende Punkte:

- Ein vorbereitetes Liedblatt aus wetterfestem stabilen Papier zum Verteilen und Singen; Bläser spielen die Melodien, ein Akkordeon die Harmonien.

- Eine mobile Box (nicht so sehr zum Beschallen, sondern um sich untereinander verständigen)

- Aufstellung unter einer hellen Straßenlaterne.

16. Dezember 2017: Hinweis zum Weitergeben, Pressemitteilung zur Veröffentlichung

Die Bundeswehr lädt am 20. Dezember, 19 Uhr zu einem „Musikeinsatz" mit dem Luftwaffenmusikkorps Erfurt in die Dresdner Annenkirche ein. Viele Dresdner fragen sich: Wie passt die Botschaft vom „Frieden auf Erden" mit Sympathie-Werbung für das Militär zusammen? Setzt die Kirche wieder auf Rüstung und Militär? Gibt es keine hoffnungsvolleren und nachhaltigeren Wege zu gelingendem Miteinander als Militäreinsätze im Ausland, Waffenexporte, Umweltverschmutzung, 39 Mrd. Euro Rüstungskosten pro Jahr? Eine kleine Gruppe engagierter Sänger, Musiker, Pfarrer, Friedensbewegter (u.a. Paul Hoorn sowie ehemalige Proraer Bausoldaten) wird ab ca. 18 Uhr vor der Annenkirche zu treffen sein; es gibt Lieder zum Mitsingen und Texte zum Frieden unter dem Motto: „Schwerter zu Pflugscharen". Kommen Sie dazu!

Stefan Gehrt (Kirchenmusiker), – dazu natürlich meine Kontaktdaten.

Die Anzeige einer Versammlung nach dem Sächsischen Versammlungsgesetz beim Ordnungsamt ist durch einen engagierten Pfarrer i.R. erfolgt.

17. Dezember 2017: Ansprechpartner

Es kommen Interviewanfragen. Ich bin zu sehr mit Äußerem befasst und will versuchen, die unterschiedlichen Musiker und Dabeistehenden miteinander in Korrespondenz zu bringen. Wenn ich die Redakteurin des MDR richtig verstanden habe, arbeitet sie an einem Porträt über die Militärmusik und hat sich schon kundig gemacht, versteht aber offensichtlich nicht von vornherein, was man dagegen haben kann. Sicher will sie beide Seiten zu Wort kommen lassen. Dass wir Musik nicht per se für kriegstreibend halten, wäre einzuräumen (auch wenn sie gern dazu benutzt wurde), und auch, dass wir ja selbst allerhand kriegerisches Material im Gesangbuch versammelt haben (das fängt mit der Melodie zu „Tochter Zion" an...). Aber dass wir – ganz besonders im „Osten" – skeptisch sind in Bezug auf militärische Konfliktlösungen – Stichwort „Schwerter zu Pflugscharen" – scheint für sie ein neuer Aspekt zu sein, den sie bisher nicht auf dem Schirm hatte. (Ich kann mich täuschen.) Ich vermittle ihr einen kompetenten Ansprechpartner.

Für unterschiedliche Anliegen werden unterschiedliche Ansprechpartner benannt: Ordnungsamt, Presse-Kontakte, Straßenmusik, Kopierarbeiten, praktische Dinge wie Verpflegung, Geschirr und Tapeziertisch, Koordination untereinander.

18. Dezember 2017: Gespräch mit dem Superintendenten

Ich spreche mit dem Superintendenten über die Situation. Er weiß bis dahin nichts von diesem Konzert, nichts davon, dass die Annenkirche das Hausrecht an die Bundeswehr abgegeben hat, und nichts davon, dass dafür die Genehmigung des Regionalkirchenamtes notwendig ist (da die Bundeswehr nicht zur

Arbeitsgemeinschaft Christlicher Kirchen, ACK, gehört). Er selbst stehe dem Thema indifferent gegenüber.

Ich erwidere: Wenn man aus Glaubens- und Gewissensgründen das Schießen im Sportunterricht verweigert hat und deswegen nicht zum Abitur zugelassen wurde („In der DDR hätte Martin Luther King auch kein Abitur bekommen!"), dann irritiert es einen schon, dass eine prominente Kirchengemeinde ihr Hausrecht abgibt, und die Bundeswehr in die Kirche einlädt.

19. Dezember 2017: Versammlungsgenehmigung und eine Überraschung

Die Mahnwache wird vom Ordnungsamt genehmigt und durch Ordner, eine Mitarbeiterin des Ordnungsamtes und Polizei abgesichert. Wir fragen konkret nach und erfahren: Die Bundeswehr wird den kompletten Ring um die Kirche herum für sich haben; Verkehr ist auf dieser Einbahnstraße nicht möglich (die Zufahrt für uns jedoch gesichert). Die Bundeswehr baut auch ein Zelt auf. Folglich hält sie nicht nur sämtliche Innenräume, sondern auch das Außengelände um die Kirche herum besetzt. Als Versammlungsort bekommen wir einen kleinen Park unterhalb der Kirche zugewiesen. Dort ist es ziemlich dunkel, so dass ich kaum für Sicherheit aufkommen kann. Ich schlage vor, dass wir uns stattdessen unter der Straßenlaterne auf dem Fußweg gegenüber dem Haupteingang versammeln. Die Entscheidung soll morgen vor Ort fallen, Ordnungsamt und auch Polizei werden da sein. „Einen gewissen Beachtungserfolg wollen wir Ihnen gern einräumen." Es werden zwei Ordner bestimmt; wir bekommen vom Ökumenischen Informationszentrum weiße Ordnerbinden. Ich erlebe den Umgang des Ordnungsamtes mit unserem Anliegen als loyal und freundlich.

Große Überraschung: Das vom Kirchenboden geholte und als Hingucker vorgesehene Banner erweist sich bei näherem Hinsehen als Protest gegen überdimensionierten Hochwasserschutz. Das Ökumenische Informationszentrum hat kein Schwerter-zu-Pflugscharen-Banner. Ich besorge im Copyshop zwei A0-Plakate aus stabilem Karton mit dem Symbol darauf. Die Maße betragen

84 cm x 119 cm. Damit hat es eine Flächengröße von ca. einem Quadratmeter.

20. Dezember 2017: Mahnwache

Vor Ort sind fünfzehn ständige Demonstranten, außerdem natürlich Laufkundschaft. Als wir gemeinsam „Schalom chaverim" singen, hält mir die MDR-Redakteurin plötzlich ein Mikro unter die Nase und fragt mich, weshalb ich hier stehe. „Weil ich mir wünsche, dass die Bundeswehr zu ihren Auslandseinsätzen nur noch Musikinstrumente mitnimmt." Da etliche vom Dresdner Flüchtlingschor Singalysum dabei sind, fragen wir uns hinterher, ob wir nicht gerade mit den israelischen Gesängen ihnen zu viel abverlangt haben.

Nach 19 Uhr beenden wir die Mahnwache. Da kommt der Superintendent aus der Kirche. Er hat sich eine Weile lang die Reden drin angehört, und meint nun etwas spitz im Blick auf das übersichtliche Häuflein Demonstranten: „Die anderen sind wohl alle Glühwein trinken gegangen?" Er erklärt uns, dass die Bundeswehr im Ausland nötig sei. Als ich ihm unser Schwerter-zu-Pflugscharen-Liedblatt hinhalte, antwortet er sofort, ihm brauche ich damit nicht zu kommen. Dann ist er auch schon wieder weg. „Man lernt leider nie aus, wie Kirchenleute sich in den aktuellen Friedensfragen verweigern oder verkriechen...", sagt einer von uns ratlos. Mich irritiert es komplett, dass der Superintendent seine Loyalität nach allen Seiten dermaßen dick aufträgt. Er bleibt nach meinem Eindruck unkenntlich, solange er nicht auch mal Kante zeigt und sich mutig aus dem Fenster lehnt.

Der Abend klingt wunderbar warm und freundlich und herzlich aus, zunächst kurz im alternativen aha-Laden, von dem der heiße Tee stammt, und wohin wir Technik und Instrumente zurückschaffen. Und dann im Nachtcafé einer katholischen Gemeinde am Stadtrand, wohin wir ausgeliehene Tische, Kannen und Gläser zurückbringen. Wir werden eingeladen, gemeinsam mit den Obdachlosen Pfannkuchen, Gulasch, Knödel, Rotkraut und Salat vom Hotel in der Innenstadt zu essen.

21. Dezember 2017: Tochter Zion – Schlachtgesang als Adventslied

Im Nachgang reflektieren wir das gemeinsam gesungene Lied „Tochter Zion". Für mich ist es ein Beispiel dafür, dass wir musikalisch und theologisch durchaus auch eigene Leichen im Keller haben. Das Adventslied erinnert eher an den Einzug von Besatzern oder Gladiatoren als an den sanften Eselsreiter (Sacharja 9,9).

Händel fügte den Marsch „See, the Conqu'ring hero comes" 1751 in sein Oratoriums Judas Maccabaeus ein. Das Oratorium ist dem Duke of Cumberland, William Augustus, zugeeignet und dessen vernichtenden Sieg über Charles Edward Stuart in der Schlacht von Culloden am 16. April 1746 gewidmet. Diese Schlacht beendete nicht nur den letzten Versuch der Stuarts, ihren Anspruch auf den britischen Thron durchzusetzen, sondern leitete zugleich den Untergang der traditionellen schottischen Kultur ein und besiegelte die Eingliederung des vordem selbstständigen Landes in ein englisch dominiertes Großbritannien. Nach der Schlacht befahl Cumberland, alle verwundeten und gefangenen Jakobiten zu exekutieren. Seine Erbarmungslosigkeit, seine menschenverachtende Brutalität und sein Zynismus brachten Cumberland den dauerhaften Hass der Schotten und den ihm bis heute anhaftenden Beinamen *the Butcher* („der Schlächter") ein. Weite Teile der gälischen Kultur gingen in der Folge unter. Wilhelm August, Herzog von Cumberland, wurde trotz der begangenen Gräueltaten als britischer Nationalheld gefeiert. Anlässlich der Siegesfeier erhielt Georg Friedrich Händel den Auftrag zur Komposition des Oratoriums Judas Maccabaeus.

10. Januar 2018: Brief eines Kirchenvorstehers

Drei Wochen später erreicht mich der nachdenkliche Brief eines Kirchenvorstehers[107] der Annenkirche. Darin heißt es:

> *Ich fühle mich Dir und Deinen Mitstreitern, die vor der Kirche gewesen sind, verbundener als den Uniformierten. Erst recht, nachdem ich da drinnen war.*
>
> *Künftige „Einsätze" werde ich besser bedenken.*
>
> *Übrigens hat der Gedanke an Geld (Vermietung) nie eine Rolle gespielt; in der Annenkirche finden so viele Konzerte statt, dass die 500,-EUR mehr oder weniger das Kraut nicht fett gemacht hätten.*
>
> *Ich bin aber froh, dass die Mahnwache einen Denkanstoß gegeben hat.*
>
> *Ich weiß nicht, ob Dich meine Antwort zufrieden stellt (glaube es kaum, denn sie stellt mich selbst nicht wirklich zufrieden); vielleicht war es ein Fehler, vielleicht ein Anfall von fehlendem Rückgrat, vielleicht nur Nachlässigkeit, vielleicht auch nur Ausdruck der Widersprüchlichkeit unseres Menschseins... Grüße in diesem Sinne Deine Mitstreiter von der Mahnwache von mir.*

Intermezzo: Tag der Bundeswehr in Dresden 2018

Mit einer Mahnwache und einem Gedenken an Kriegsdienstverweigerer protestieren rund dreißig christliche Friedensaktivisten gegen den Tag der Bundeswehr am 9. Juni 2018 in Dresden. „Krieg ist kein Volksfest", sagen der Friedensbeauftragte der evangelischen Landeskirche Sachsens, Michael Zimmermann, und die Friedensreferentin des ökumenischen Informationszentrums Dresden, Annelie Möller. Sie hatten zu friedlichen

---

[107] Regional auch „Kirchvorsteher" genannt. In anderen Landeskirchen: Presbyter oder Kirchengemeinderat. Meistens Nicht-Theologen, die in der Kirchengemeinde ehrenamtlich arbeiten und Entscheidungen treffen.

Gegenveranstaltungen aufgerufen. Diesen schlossen sich zahlreiche Teilnehmer an. Sie sagen, mit Bier- und Grillständen, lauter Musik und „jeder Menge Action" werden zwar Jugendliche angesprochen, aber die Realität der Bundeswehr versch eiert und verharmlost. Die Bundeswehr präsentiere sich wie bei einer Outdoormesse und als seien Waffen selbstverständliches Zubehör.

Mit Blick auf das überraschend große Medieninteresse werde ich am nächsten Tag gefragt:

Mit welcher Absicht haben Sie die Mahnwache bzw. Gedenkfeier organisiert?

Konnten Sie das, was Sie sich vorgenommen hatten, realisieren?

Ich überlege: Protestaktionen beginnen meist damit, dass irgendwer irgendwas hört oder liest. Einzelne sagen dann: "Da müsste man was unternehmen!" Oder: "Wieso unternimmt denn niemand was?" Aber es gibt niemanden, der von Berufs wegen Leute zusammentrommelt und sagt: "Hej, wir unternehmen was!"

So war es auch diesmal. Einige, die finden, dass Kriegsausbildung kein Volksfest ist, trafen sich. Es waren wenige. Die Einen meinten: Nur mit "Schwerter zu Pflugscharen" kann man die Welt bekehren. Die anderen: Nur mit kreativen Aktionen kriegt man Leute hinterm Ofen hervor. Die Dritten: Man muss vor allem offene Briefe und Eingaben schreiben. Die Vierten: Wir Wenigen können nur etwas ganz Anderes machen als der Rest der Welt. Zum Beispiel die mutigsten Feiglinge Deutschlands ehren: die Deserteure, die in der hintersten Ecke des Dresdner Nordfriedhofes begraben liegen. Hier habe ich mich engagiert.

Ich erlebe es dann oft, dass ich Verbündete finde, die ich bisher nur wenig oder gar nicht im Blick hatte. Diesmal einen Major der Bundeswehr, der schon seit Jahren versucht, auf das Gräberfeld der Deserteure (und auf andere vergessene Gräber) aufmerksam zu machen. Die Zeugen Jehovas, die am konsequentesten von allen Religionsgemeinschaften den Kriegsdienst verweigern. Studierende mit anarchistischen Überzeugungen. Pfarrer ohne pazifistischem Hintergrund, aber mit einem Blick für Minderheiten. Die Reihe ließe sich noch lang fortsetzen.

Bei der Vorbereitung beschäftigte ich mich mit der aktuellen Traditionsdiskussion in der Bundeswehr. Sie berührt solche Fragen wie: Wieso verstummte nach der Katastrophe des 1. Weltkrieges und den anschließenden pazifistischen Massenkundgebungen die Losung "Nie wieder Krieg"? Warum wurde die Reichswehr der Weimarer Republik ein Staat im Staate, mit zutiefst antidemokratischen Überzeugungen? Wieso handelte nach der Wiedereinführung der Wehrpflicht eine ganze Armee verbrecherisch, rassistisch und menschenverachtend? Wie konnte andererseits eine Armee, die der Alleinherrschaft einer Partei diente, dem Freiheitsstreben einer friedlichen Revolution Raum geben? Ich finde diese Diskussion wichtig und bin überzeugt: Wenn eine Verteidigungsministerin[108] diese Diskussion gegen erhebliche Widerstände anstößt, verdient sie darin Unterstützung.

Kurzum, ich bin selbst nachdenklicher geworden.

Keine Militärkonzerte mehr in Dresden! (2019)

Seit einigen Jahren sucht die Bundeswehr verstärkt den Kontakt auch zu Kirchen in Dresden, um ihr durch Auslandseinsätze und rechtes Gedankengut ramponiertes Image aufzubessern. Dazu dienten u.a. ein Gottesdienst mit dem Wehrbereichsmusikkorps Erfurt in der Frauenkirche (2014) sowie Adventskonzerte in der katholischen Kathedrale und in der evangelischen Annenkirche. Häufig treffen dementsprechende Anfragen auf unvorbereitete Kirchengemeinden, die dann angesichts einer in Aussicht gestellten Benefizkollekte zusagen und bisweilen dafür sogar das Hausrecht aus der Hand geben.

Nach etlichen Protestaktionen gegen Bundeswehrkonzerte in der Stadt, die ein erhebliches Echo in den Medien gefunden

---

[108] Gemeint ist Ursula von der Leyen

hatten, gibt der zuständige Pfarrer der Annenkirche für derartige Veranstaltungen kein grünes Licht mehr. Gleichzeitig empfiehlt er, es doch stattdessen bei den Katholiken zu versuchen. Folglich entsteht bei der Bundeswehr der Eindruck: „Die evangelische Kirche will uns nicht mehr haben."

Eine entsprechende Anfrage kommt dann 2019 über das *Katholische Büro Sachsen* zunächst an die Hofkirche, die sie jedoch wegen Bauarbeiten an eine andere katholische Innenstadtkirche weiterreicht. Gerade für diese Gemeinde aber ist über viele Jahrzehnte hinweg die Arbeit eines Ökumenischen Friedenskreises und einer Pax Christi-Gruppe mit ihrem Friedensengagement prägend geworden.

Dem Pfarrgemeinderat wird die Anfrage, ob es ein JA zu einem Bundeswehrkonzert im Advent gibt, zunächst am Ende einer Sitzung unter Sonstiges zur Abstimmung vorgelegt. Sie wird zustimmend durchgewinkt. Diese quasi nebenbei getroffene Entscheidung wirbelt viel Staub auf. Zwei persönliche Kontakte bewirken, dass das Thema in der nächsten Sitzung nochmal anberaumt wird. Erst jetzt ergibt sich Raum für eingehende Diskussionen. In deren Folge entscheidet sich das Gremium mehrheitlich dafür, in ihrer Kirche kein Bundeswehr-Konzert stattfinden zu lassen. Allerdings gerät die Gemeinde in Aufruhr wegen dieser Entscheidung und erlebt eine schmerzhafte Zerreißprobe.

Nach wie vor ist Dresden sehr in Unruhe wegen der Thematik Bundeswehr und Kirche. Es gibt im gleichen Jahr dann in der Kreuzkirche dazu ein größeres Gespräch, das hauptsächlich von Engagierten aus der Friedensbewegung besucht und durch deren Gesprächsbeiträge geprägt wird. Sie sagen: *Wir haben uns im Rahmen des konziliaren Prozesses bereits jahrelang zum Thema Frieden Gedanken gemacht. Wir haben mit der Bewegung „Schwerter zu Pflugscharen" eindeutig Farbe bekannt. Wir sind geprägt von der Angst im Kalten Krieg und dem unbedingten Willen, diesen Irrsinn aufzuhalten und Vernunft einziehen zu lassen. Der Pazifismus war der christliche Kern der staatskritischen DDR-Kirche, das Schlüssel-Gen der Friedlichen Revolution.*

Bleibt er jetzt, nach der Wende, auf der Strecke? Wird die staatsnahe Kirche zum Service-Zweig der Bundeswehr, zum Reparaturpunkt der Eingreiftruppe?

Im Anschluss an das Gespräch kommt das Gerücht auf, der diskussionsleitende Pfarrer sei dermaßen verstört von dem Verlauf, dass er die Bundeswehr einladen wolle, in der Kreuzkirche ein Konzert zu veranstalten. Dies kommt dann allerdings, vermutlich auf Betreiben des Superintendenten, nicht zustande.

Eine komplizierte Frage

Genau in jener Zeit fragt mich ein Friedenskämpfer aus der Runde der Weg-Gefährten: *Wie könnten wir dem Protest gegen die Zusammenarbeit der Kirche mit dem Militär (z.b. Militärmusik in Kirchen) eine stärkere Struktur geben und Kontinuität verleihen?*

Ich antworte ihm: „Wir im Osten" haben vielleicht mehr als in den Bundesländern mit längerer Geschichte eine Art von Zusammenarbeit, die entsteht spontan, oft über persönliche Begegnung, Austausch, ohne von vornherein andere Positionen zu diskreditieren. Ja, auch da gibt es Einzelkämpfer und Langredner, und es wird nicht immer eine Struktur beschlossen. Aber das lässt auch viel offen und wirkt dadurch einladender, freilassender in Bezug auf die Mitarbeit. Da geschieht ziemlich viel. Fast möchte ich sagen, man kann da in eine Atmosphäre eintreten, die ähnelt dem Einzug von Joschka Fischer in den hessischen Landtag (ich erinnere mich genau daran), was offensichtlich für die meisten der Anfang vom Weltuntergang war, damals.

Meine ermutigendsten Erfahrungen verbinde ich mit Netzwerk-Arbeit. Ich habe seit der DDR-Zeit verschiedenen Netzwerken angehört (und arbeite im Prinzip weiter so), und unglaublich viele Adressen gesammelt von Leuten, die ich kenne. Und sie dann mit einem bestimmten, konkreten Anliegen angeschrieben. Es ging dabei auch um strukturelle Veränderungen z.B. in der Kirche, die letztlich in der Landessynode (oder im Landtag) verhandelt wurden. D.h., mehrere Synodaltagungen mit

Verweis in andere Ausschüsse eingeschlossen. Solche Netzwerk-Aktivitäten brauchten etwa drei bis vier Jahre, immer mit dem Schluss: a) es war ein Kraftakt, b) wir haben das jetzt(!) Mögliche erreicht, ein anderes Mal mehr.

Netzwerkarbeit lebt davon, dass jemand regelmäßig Protokolle rumschickt, und dass bis zu einem bestimmten Termin jeder seine Änderungswünsche einbringen kann und diese so gut als möglich eingearbeitet werden. Schweigen gilt in der Netzwerkarbeit als Zustimmung. Das geht sehr gut, ist meine Erfahrung. Es entsteht, im Bild gesprochen, ein Korallenriff, an dem jede/r mitgearbeitet hat. Keiner verurteilt andere Mitarbeitende wegen abartiger Haltungen.

Jedenfalls hatten wir auch solche Netzwerke, als es um die Einführung der Militärseelsorge im Osten ging. Wir haben damals gekämpft und gemerkt: Hier haben wir es mit anderen Größenordnungen als seinerzeit mit der Stasi zu tun. Die Stasileute waren noch einfache Handwerker gegen das, was jetzt zwischen (z.b. Rüstungs-)Industrie und Politik abläuft. Wir waren es gewohnt, dass der ganze Staat sich in seinen Grundfesten verunsichert fühlte, wenn ein Wort des Widerspruchs kam. Heute wird Widerspruch nicht mal mit einem müden Lächeln quittiert. Damit zu leben und damit umzugehen, fällt mir als „gelerntem DDR-Bürger" unglaublich schwer.

Zum Selbstverständnis der Militärmusik

Da uns in Kirchenvorständen und gerade bei kulturell interessierten Menschen immer wieder die Frage begegnet, was wir eigentlich gegen die edle klassische Musik hätten, möchte ich auf eine Artikelserie des Musikwissenschaftlers und Musikdramaturgen Arthur Seidl hinweisen, die im Jahr 1915 unter dem Titel „Musikalische Kriegsrüstung" in der „Allgemeinen Musik-Zeitung" (AMZ) erschienen ist. In der nicht enden wollenden Auflistung wird deutlich, dass das Ansehen und die Popularität von Komponisten (wie z.B. Bach) oder Kompositionen (wie z.B. Kirchenmusik, aber auch Operettenmusik) bewusst politisch vereinnahmt, verengt, reduziert und instrumentalisiert wurde. Und

Frauen und Kinder zu Patrioten und Helden geformt werden sollten. Besonders dann, wenn die eigentlichen „Helden" zerschossen, amputiert, erschöpft und verstört nicht mehr zur Stärkung kriegerischer Moral herhalten konnten.

Die Musiker der Bundeswehr verstehen sich selbst als „musikalische Geheimwaffe" (so Verteidigungsminister Helmut Schmidt über die Gründung der Big Band der Bundeswehr 1971): Nicht nur, um gute Laune zu verbreiten, sondern auch, um Werbung in eigener Sache zu machen und junge Menschen vom Arbeitgeber Bundeswehr zu überzeugen.[109]

PS. Arthur Seidl war mein Großvater. Ihm widme ich meinen Beitrag in diesem Buch. *SG*

---

[109] https://helftunsleben.de/big-band-der-bundeswehr-spruehte-vor-spielfreude/

Wir besuchen ein Militär-Kirchen-Konzert

Von Anthony Spiri und Rainer Schmid

Es ist Montag, 4. Dezember 2023. Wir besuchen das Militär-Advents-Konzert in der Münchner Theatinerkirche.

In der Nähe der Kirche stehen mehrere Militär- und Polizeifahrzeuge sowie schwarze Limousinen (mit wartenden Fahrern). Ungefähr sieben Soldaten bewachen den Eingang. Die Taschen werden kontrolliert. Darf man eine Kirche in so etwas wie einen militärischen Sperrbezirk verwandeln?

Hineingelassen wird nur, wer eine Eintrittskarte hat; das wussten wir nicht.[110] Eine Wachsoldatin kann ich schließlich überzeugen. Sie geht zu ihrem Vorgesetzten, der spricht eine Ausnahmegenehmigung aus. Wir bekommen Eintrittskarten.

Die ungefähr 450 Sitzplätze füllen sich; nur wenige Reihen bleiben frei. Wir vermuten: Es ist ein bundeswehrinternes Konzert, für Angehörige und Freunde der Bundeswehr. Etwa jeder fünfte Anwesende trägt Uniform. Sozusagen Gesinnungsgenossen unter sich.

Die Außentemperatur beträgt an diesem Abend sechs Grad minus. Die Kirche ist nicht geheizt. Trotz Winterkleidung frieren wir.

Einer von uns beiden ist Migrant, geboren auf einem anderen Kontinent. Wir haben den Eindruck, dass unter den Teilnehmenden sonst keine oder nur wenige Migranten sind.

---

[110] Normalerweise muss man bei Militär-Kirchen-Konzerte keine Eintrittskarten vorweisen.

Uns fällt die sakrale Atmosphäre auf, verquickt mit Ordnungssinn und militärischer Positionierung.

Auf die wunderbar gespielte Bach-Motette folgt eine lange Begrüßung: Anwesend ist ein US-General aus Grafenwöhr, der Kommandeur der Panzerbrigade 12 (Cham/Oberpfalz), der österreichische und der schweizerische Generalkonsul, Prinzessin Sophie von Bayern und andere Adlige, der Bayrische Staatsminister, die Präsidentin der Bundeswehr-Hochschule, der Polizei-

präsident von München und weitere „wichtige" Persönlichkeiten.

Christliches Gedankengut prägt die Musik-Auswahl aber nicht das gesprochene Wort. Unser Eindruck: Das religiöse Element dient als Gewandung ganz anderer Inhalte.

Das Weltgeschehen wird nur oberflächlich und beschönigend gestreift, floskelhaft. Zwischendurch eindeutige, einseitige Kriegspropaganda.

Im Mittelgang vorne stehen ein paar leere Stühle. Sie sollen für jene Soldat*innen stehen, die sich momentan in Auslandseinsätzen befinden.

Die Musik ist sehr professionell in Ablauf und Vortragsweise. Nach den Begrüßungen wurden John M. Rutter und Anton Bruckner sehr gut gespielt; die Leitung hervorragend. Unüberhörbar die gründliche Probenarbeit. Leichtigkeit der Trompeten, saubere Intonation, gemeinsame Artikulation trotz verschwommener Akustik.

Die Werke von Engelbert Humperdinck und besonders Karel Svoboda sind eine sehr dünne Plörre[111], einschläfernd und technisch weit unter den Niveau der Spieler.

Vor dem Tschaikowsky-Stück muss einer von uns leider die Kirche verlassen, wegen der unerträglichen Kälte.

Insgesamt ist die Musik durch eine sehr disziplinierte, aber gleichzeitig vollkommen unpersönliche Spielweise geprägt. Hörbare Spielfreude oder Persönlichkeit, solistisches Hervortreten einzelner Instrumente schienen unerwünscht. Eine so kalte Perfektion bei der Blasmusik ist ungewöhnlich.

Auch der gute Tenorsolist wirkte wie ein Klon – mikrofonverstärkt, warum? So wirkte der Vortrag noch kälter. Dieser Eindruck rührt wohl zum Teil von der räumlichen Entfernung, und auch von der optisch kalten Wirkung des monumentalen Kirchenraumes.

Die Akustik der Theatinerkirche ist für manche Stücke ungeeignet, zum Beispiel für die eröffnende doppelchörige, also achtstimmige, Motette. Wenn man das Stück kennt, kann man die Stimmverläufe erahnen. Auch die Verwendung eines Mikrophons für den Solotenor deutet auf klangliche Schwierigkeiten

---

[111] Eigentlich ist eine Plörre ein zu sehr verdünntes oder geschmackloses Getränk oder eine solche Suppe.

hin; es hat sich mit Mikrophon ziemlich scheußlich angehört und hat nicht zum Bläserklang gepasst, weil überpräsent.

Das Publikum war sehr still und diszipliniert, hehre Aufmerksamkeit, kalte, strenge Atmosphäre, nicht nur im Sinne der Lufttemperatur. Trotz betont freundlich lächelnder Soldaten und Soldatinnen. Charmeoffensive, keine adventliche Freude beim Publikum spürbar, sparsamer Applaus.

Eine positive Beobachtung: Kein US-Weihnachtsschlager wird dargeboten. Obwohl US-Militär anwesend ist.

Die Wahl des Spielortes lässt Fragen aufkommen. Denn dieses Kirchengebäude eignet sich nicht für ein solches Konzert, vor allem nicht akustisch.

War die Nähe zur Feldherrnhalle ausschlaggebend? Beide Gebäude stehen am Odeonsplatz. Der Abstand beträgt ungefähr 50 Meter. Die Feldherrnhalle ist ein wichtiges Symbol der bayrischen Machtpolitik, dann der NS-Machtpolitik.

Auffällig: Im Publikum kaum Gespräche, auch vor und nach dem Konzert war Totenstille.

PROGRAMM ADVENTSKONZERT 2023

THEATINERKIRCHE MÜNCHEN
MONTAG, 04. DEZEMBER 2023, 20 UHR

Singet dem Herrn ein neues Lied
1.Satz aus der Motette BwV 225, in der Fassung für Doppelquintett

Joh.Seb. Bach
Arr: Arthur Frackenpoh

A Choral Fanfare

John M. Rutter
Arr. Gregg Bimm

Os iusti - Graduale

Anton Bruckner
Arr. Thomas Doss

Weihnachtslied

Engelbert Humperdinck

Drei Haselnüsse für Aschenbrödel

Karel Svcboda
Arr: Guido Rennert

Aus der Suite „Nußknacker"
Nr.1 Ouvertüre, Nr.2b Tanz der Zuckerfee,
Nr.2f Tanz der Rohrflöten, 2a Marsch

P.I. Tschaikowsky
Arr: M. H ndsley

Eine bayr. Weihnachtsgeschichte

Barbara Karl

Bayr. Weisen

Weisenbläser

Schafe können sicher weiden

J.S. Bach
Arr: P. Sparke

Unsere schönsten Weihnachtslieder

Arr: Stefan Schwalgin
V: Mitropa

Alle: Macht hoch die Tür, 3 Strophen

Programmänderungen vorbehalten!

Gebirgsmusikkorps der Bundeswehr Garmisch-Partenkirchen

Hptm Rudolf Piehlmayer

107

Gemeinsames Lied:

Macht hoch die Tür

Ostpreußisches Kirchenlied, Text Georg Weissel (1590–1635), verfasst 1623 anlässlich der Einweihung der (evangelischen) Altroßgärter Kirche in Königsberg. Melodie erstmals im Freylinghausen'schen Gesangbuch (1704).

1. Macht hoch die Tür, die Tor macht weit;
es kommt der Herr der Herrlichkeit,
ein König aller Königreich,
ein Heiland aller Welt zugleich,
der Heil und Leben mit sich bringt;
derhalben jauchzt, mit Freuden singt:
Gelobet sei mein Gott,
mein Schöpfer reich von Rat.

2. Er ist gerecht, ein Helfer wert;
Sanftmütigkeit ist sein Gefährt,
sein Königskron ist Heiligkeit,
sein Zepter ist Barmherzigkeit;
all unsre Not zum End er bringt,
derhalben jauchzt, mit Freuden
singt:
Gelobet sei mein Gott,
mein Heiland groß von Tat.

3. O wohl dem Land, o wohl der Stadt,
so diesen König bei sich hat.
Wohl allen Herzen insgemein,
da dieser König ziehet ein.
Er ist die rechte Freudensonn,
bringt mit sich lauter Freud und Wonn.
Gelobet sei mein Gott,
mein Tröster früh und spat.

Liebe Gäste!

Das heutige Konzert ist eine Benefizveranstaltung.
Mit Ihrer Spende unterstützen Sie die **Aktion Sorgenkinder in Bundeswehrfamilien des Bundeswehr Sozialwerks e.V.** und die **Bayerische Landesschule für Körperbehinderte**.

Am Ausgang nehmen wir Ihre großzügige Spende
dankend entgegen!

Singet dem Herrn ein neues Lied Joh.Seb. Bach
1.Satz aus der Motette BwV 225, in der Fassung für Doppelquintett Arr: Arthur Frackenpoh

A Choral Fanfare John M. Rutter
Arr. Gregg Bimm

Os iusti - Graduale Anton Bruckner
Arr. Thomas Doss

Weihnachtslied Engelbert Humperdinck

Drei Haselnüsse für Aschenbrödel Karel Svoೂoda
Arr: Guido Rennert

Aus der Suite „Nußknacker" P.I. Tschaikowsky
Nr.1 Ouvertüre, Nr.2b Tanz der Zuckerfee, Arr: M. Hindsley
Nr.2f Tanz der Rohrflöten, 2a Marsch

Eine bayr. Weihnachtsgeschichte Barbara Karl

Bayr. Weisen Weisenbläser

Schafe können sicher weiden J.S. Bach
Arr: P. Sparke

Unsere schönsten Weihnachtslieder Arr: Stefan Schwalgin
V: Mitropa

Alle: Macht hoch die Tür, 3 Strophen

Programmänderungen vorbehalten!

Gebirgsmusikkorps der Bundeswehr Garmisch-Partenkirchen

Hptm Rudolf Piehlmayer

WIR. DIENEN. DEUTSCHLAND

IMPRESSUM

Herausgeber:
Landeskommando Bayern
Ingolstädter Straße 240
80939 München

Kontakt:
Pressestelle
Landeskommando Bayern
Tel. +49 (0) 89 3168 6040

E-Mail:
pressestelle-lkdoby@bundeswehr.org

Layout und Druck:
Zentraldruckerei BAIUDBw DL I 4
GSD München

BUNDESWEHR

Symposium
„Militärmusik und Religiosität"

Von Rainer Schmid

Teilgenommen habe ich am Bundeswehr-Symposium „Militärmusik und Religiosität" am 5. und 6. September 2023 im Gustav-Stresemann-institut in Bonn. Ich saß so unauffällig wie möglich zwischen etwa 150 uniformierten Soldat*innen und Bundeswehr-Dozenten.

Hier Zitate aus dem gemeinsamen Referat von Militärdekan Siegfried Weber[112]:

Kern des christlichen Glaubens ist die Liebe – die Liebe zu Gott, zu den Menschen und zu den Nächsten. Die Liebe strebt nach Frieden und Freude und kennt keine Gewalt. Glaube und Gewalt passen eigentlich nicht zusammen. Seit Menschengedenken sieht die Realität anders aus: Kriege und militärische Konflikte sind auch in der Bibel präsent. Offensichtlich sind Gewaltbereitschaft, Neid, Zorn, Hochmut urmenschliche Laster…

Die christlichen Kirchen billigen unter Bedingungen den Einsatz von militärischen Mitteln. Dabei muss ein nachvollziehbarer, wichtiger Grund vorliegen und eine Abwägung des militärischen Mittels mit dem zu erwartenden Schaden erfolgen. Die Abwägung orientiert sich an den Maßstäben der Erforderlichkeit, Verhältnismäßigkeit und am Ultima-Ratio-Prinzip…

Militärmusik kann bestimmte Werte wie Ehre, stärke, Schutz, Opferbereitschaft, Disziplin und Zusammengehörigkeit

---

[112] Alle Zitate aus dem Tagungs-Reader, Din A4, getackert, Seite 15f. Siegfried Weber ist katholischer Militärdekan am Kommando Heer in Straußberg. Er war als Militärpfarrer in Auslandseinsätzen im Kosovo, in Afghanistan und Mali. Er spielt Klavier und Orgel und singt in einem Männerchor.

symbolisieren, die auch in religiösen Kontexten von Bedeutung sind. Die Musik kann dazu dienen, diese Werte zu kommunizieren und zu festigen, sei es in militärischen oder religiösen Zeremonien. Melodien können die spirituelle Atmosphäre verstärken...

Militärseelsorge ist Teil einer Streitkraft. Sie bietet Soldaten Unterstützung im täglichen Dienst, aber auch bei Übungen und im Kampfeinsatz.

Besondere Situationen der Militärseelsorge, bei der auch die Musik eine zentrale Rolle spielt, sind feierliche Gelöbnisse bzw. Vereidigungen, hohe Feiertage wie Ostern und Weihnachten, Gottesdienste unter freiem Himmel, internationale Begegnungen, Eheschließungen von Soldatinnen und Soldaten, Gedenk- und Trauerfeiern sowie Appelle am Heimatstandort zur Verabschiedung in den Einsatz und zur Rückkehr.

Militärdekan Weber wischt den Gedanken, dass Glaube und Gewalt „eigentlich" nicht zusammenpassen, leicht vom Tisch. Das erlebe ich bei Militärpfarrern oft.

In keinem Vortrag wurde die Frage gestellt, wohin uns die deutsche Militärkultur samt ihrer musikalischen und religiösen Elemente in der Vergangenheit geführt hat.

In den letzten Reihen saßen Musiksoldat*innen des Ausbildungsmusikkorps. Die Referenten baten diese jungen Musiksoldat*innen immer wieder, sich zu Wort zu melden. Aber die jungen Männer und Frauen blieben stumm. Vielleicht weil sie denselben Eindruck hatten wie ich: Das gesamte Militärmusik-Symposium 2023 war beklemmend, muffig und rückwärtsgewandt.

STREITKRÄFTEBASIS

Symposium
„Militärmusik im Diskurs"

Militärmusik und Religiosität
05. - 06. September 2023

Symposium

„Militärmusik im Diskurs"

Militärmusik und Religiosität

Spätestens seit der vorschriftsmäßigen Einführung eines Abendgebetes in Verbindung mit einem Abendlied zu Beginn des 19. Jahrhunderts und in deren Folge der Einzug des Gebetes in den Zapfenstreichzyklus ist eine militärmusikalisch religiöse Komponente im soldatischen Alltag immanent geworden. Sie gewann ferner im Zuge einer folgenreichen Entwicklung der Bundeswehr hin zu einer Armee im Einsatz und einer zuletzt real gewordenen Kriegsgefahr für Europa und die Welt erheblich an Bedeutung.

Gerade in Krisenzeiten sind das Bedürfnis und das Sehnen nach göttlicher Führung und Schutz besonders ausgeprägt. Hierzu zählen seit jeher auch kriegerische Auseinandersetzungen und die damit verbundenen Leiderfahrungen von Gefahr, Verwundung, Tod und Trauer. Diesen sind Soldatinnen und Soldaten durch ihren Dienst auf den Schlacht- und Konfliktfeldern damals wie heute im besonderen Maße ausgesetzt und befinden sich dabei auch in stetiger Auseinandersetzung mit den ethischen Fragen ihres Handelns und Tuns.

In diesen Kontexten kommen der Militärseelsorge sowie der Militärmusik eine besonders hohe Bedeutung zu. Letztere versteht es durch die Macht dargebotener Musik ihren Beitrag zur Erschließung einer psychisch emotionalen Dimension zu leisten und zur Verkündigung religiöser Inhalte und Werte selbst beizutragen, die heute wiederum einer humanistischen Weltanschauung entsprechend Grundlage für ein verfassungsorientiertes, soldatisch-ethisches Handeln sind.

Das diesjährige Symposium „Militärmusik und Religiosität" soll der (Wechsel-)Wirkung und Bedeutung von Militärmusik in militärseelsorgerischen, religiösen Kontexten sowie als kirchenmusikalischer Baustein der Musikkultur als solches in ihrer historischen aber auch zeitaktuellen Dimension nachspüren. In einem interdisziplinären Diskurs können bei aller Reflexion auch neue Ansätze und Chancen für die Militärmusik der Bundeswehr in einer Zeit gesellschaftlich erodierender Bedeutung von konfessioneller Religiosität aufgezeigt werden.

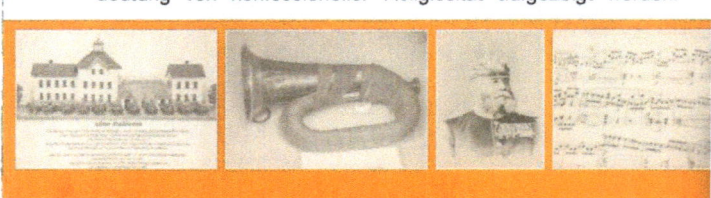

Dienstag, 05. September

09:00 Uhr **Oberst Thomas Klinkhammer**
Begrüßung

09:20 Uhr **Oberstleutnant Tobias Heike**
*„Durch die Todesfluten an die Ufer der seligen Ewigkeit"
- Theologie und Entstehungsgeschichte der evangelischen Gesang- und Gebetbücher für die Kaiserliche Marine 1871-1918*

10:00 Uhr **Professor em. Dr. Friedhelm Brusniak**
„Kurze Methode wie im Militair die Liturgie-Sänger organisirt und in der Musik unterrichtet werden können", 1829 (J.D.C. Einbeck)

10:40 Uhr **Kaffeepause**

11:00 Uhr **Dr. David Gasche**
„Harmoniemusik im Spannungsfeld von Religiosität"

11:40 Uhr **Alois Schöpf**
„Kirchenmusik und religiöse Indifferenz"

12:20 Uhr **Mittagessen**

14:00 Uhr **Petra Hammann**
*„Stimmt an den Gesang, schlagt die Pauke…!"
- (Psalm 81,3). Gemeinsame Verantwortung für die (kirchliche) Feierkultur am Beispiel der Internationalen Soldatenwallfahrt nach Lourdes*

14:40 Uhr **Oberst a.D. Dr. Michael Schramm**
„Sakrale Anteile im Betätigungsfeld deutscher Militärmusik"

15:20 Uhr **Kaffeepause**

15:40 Uhr **Dr. Hans-Peter Retzmann**
*„Ich hatt' einen Kameraden"
- von Soldatenlied und Heldentod*

16:20 Uhr   **Oberst Christoph Scheibling**

Das symphonische Blasorchester im Kontext jüdischer Religiosität.
Symbolik - Programm - Chancen

Mittwoch, 06. September

09:00   **Dr. Björn Jakobs**

„Lobet den Herrn!"
- Wie sich die geistliche Blas- und Bläsermusik im Lauf der Jahrhunderte im Saarland entwickelte"

09:40 Uhr   **Dr. Uwe Paetzold**

Die Stiftung „Madjoe" (1907-2022): Ein sozial-humanitäres Forum zugunsten existenzieller Belange pensionierter KNIL-Soldaten (u.a.) mittels militärmusikalischer Produktion

10:20 Uhr   **Kaffeepause**

10:40 Uhr   **Professor Dr. Urban Bacher /**
                        Militärdekan Siegfried Weber

„Herrgott, Soldaten und Musik"

11:20 Uhr   **Oberstleutnant Burkard Zenglein**

Militärmusik als Teil gelebter Kirchen(musik)traditionen in Dresden in der zweiten Hälfte des 19., beginnenden 20. Jahrhunderts

12:00 Uhr   **Ende der Veranstaltung**

Änderungen vorbehalten

Anhänge

Hier folgen 13 Anhänge: die Liste der 15 Militärmusikkorps, die Liste der Militär-Kirchen-Konzerte im Jahr 2023, die Antwort der Bundesregierung, das Buch von Nicole Fröchtenicht, das Interview mit Oberst Christoph Scheibling, der Leserbrief von Theo Ziegler, die Stellenausschreibung Militärmusiker*in samt Gehaltstabellen, die Liste einiger Argumente gegen Militär-Kirchenkonzerte, die Legende vom toten Soldaten, das „Te Deum" von Karl Henckell, die Bertha-von-Suttner-Stiftung, Notizen zu den Autoren und der Link zur Website des Buchprojektes.

Liste der Bundeswehr-Musikkorps

Derzeit sind es 15 Militärmusikkorps, hier in alphabetischer Reihenfolge:

- Ausbildungsmusikkorps in Hilden/NRW
- BigBand der Bundeswehr
- Gebirgsmusikkorps Garmisch-Partenkirchen
- Heeresmusikkorps Hannover
- Heeresmusikkorps Kassel
- Heeresmusikkorps Koblenz
- Heeresmusikkorps Neubrandenburg
- Heeresmusikkorps Ulm
- Heeresmusikkorps Veitshöchheim
- Luftwaffenmusikkorps Erfurt
- Luftwaffenmusikkorps Münster
- Marinemusikkorps Kiel, inkl. Blaue Jungs
- Marinemusikkorps Wilhelmshaven
- Musikkorps der Bundeswehr, Siegburg
- Stabsmusikkorps der Bundeswehr in Berlin mit Außenstelle in Bonn

Daneben existieren an mehreren Orten Reservisten-Musikkorps.

Bei Bundeswehrreformen ändert sich ab und zu die Anzahl der Militärmusikkorps. Außerdem ändern sich die Namen der Militärmusikkorps ab und an.

Die Militärmusikkorps treten nicht immer in Vollzahl auf, sondern oft auch in Kleingruppen, z.b. als Kammermusik-Ensembles, auch in Kirchen.

Das Zentrum Militärmusik der Bundeswehr, ZMilMusBw[113], ist das Führungskommando für den gesamten Militärmusikdienst der Bundeswehr. Das ZMilMusBw ist Teil der Streitkräftebasis[114].

---

[113] Robert-Schuman-Platz 3, 53175 Bonn

[114] Die Streitkräftebasis ist kein eigener Truppenteil, sondern so etwas wie ein Gemischtwarenladen. Die Soldat*innen der Streitkräftebasis haben keine eigene Uniform. Zur Streitkräftebasis gehören: die Feldjägertruppe (FJgTr), die ABC-Abwehrtruppe (ABCAbwTr), der Militärmusikdienst (MilMus), die Sportschule der Bundeswehr (SportSBw), die Fernmeldetruppe EloKa (ELoKA), Teile der Logistiktruppen (LogTr), der Truppengattungsverbund aus der Nachschubtruppe (NschTr) und der Instandsetzungstruppe (InstTr), Teile der Pioniertruppe (PiTr) in Form des Spezialpionierregiments 164 in Husum. Angehörige aller anderen Truppengattungen sind in der Regel ebenfalls in der Streitkräftebasis vertreten, stellen jedoch in der Regel keine größeren Teileinheiten.

Liste der Militär-Kirchen-Konzerte

Die untenstehende „Liste der Militär-Kirchen-Konzerte im Jahre 2023" soll als Beispiel dienen. Manche dieser Veranstaltungsorte bleiben über Jahre hin gleich, andere ändern sich.

Die Bundeswehr veröffentlicht die Konzerttermine normalerweise quartalsweise im Voraus, im Internet zu finden unter folgenden Stichworten: Streitkräftebasis, Militärmusik, Termine. Außerdem stehen die Konzert-Termine in den Antworten auf die regelmäßigen „Kleinen Anfragen" zum Thema „Werbeauftritte der Bundeswehr".

Auftritte der Militärmusikkorps an besonderen kirchlichen Orten, und bei besonderen kirchlichen Gelegenheiten:

- im Rahmen von Soldaten-Wallfahrten

- in Klosterkirchen (Thuine und Beuron)

- Musikalische Umrahmung von Trauerfeiern in Kirchen, für gefallene oder auf andere Art und Weise gestorbene Soldaten.

- Im Rahmen von Militärgottesdiensten, die an „weltlichen" Orten durchgeführt werden, zum Beispiel am Hambacher Schloss.

- auf dem Deutschen Evangelischen Kirchentag, DEKT. Dort tritt die Militärmusik am „Abend der Begegnung" und im Rahmen des traditionellen Kirchentags-Militärgottesdienstes auf. [115]

---

[115] Der Deutsche Evangelische Kirchentag und der Deutsche Katholikentag finden normalerweise im jährlichen Wechsel statt. Der Ökumenische Kirchentag findet bisher in unregelmäßigen Abständen statt und verschiebt dann den Wechsel von DEKT und Katholikentag um ein Jahr.

- Auf dem Katholikentag, und zwar im Rahmen des traditionellen Katholikentags-Militärgottesdienstes.
- Auf dem Ökumenischen Kirchentag.

Hier nun – beginnend unten auf dieser Seite – die Liste der Auftritte von Militärmusikkorps im Jahr 2023.[116] Diese Liste umfasst Auftritte in evangelischen, katholischen und säkularisierten[117] Kirchen – sowie Auftritte im Rahmen kirchlicher Veranstaltungen an profanen Orten. Aber nicht die Auftritte der Reservisten-Militärmusikkorps. Auch nicht die Auftritte im Rahmen von Trauerfeiern. Auch nicht bundeswehrinterne Auftritte. Diese Liste enthält nur jene Termine, die von der Bundeswehr veröffentlicht wurden. Möglicherweise gab es weitere, spontane Auftritte in Kirchen, zum Beispiel in kleiner Besetzung.

Die 90 Termine chronologisch geordnet:

1. Am 19.01.2023 in 50667 Köln, Hoher Dom, Soldatengottesdienst (kath.)

2. Am 26.01.2023 in 97070 Würzburg, Dom, Gottesdienst zum Weltfriedenstag (kath.)

3. Am 02.02.2023 in 31134 Hildesheim, Dom, Gottesdienst zum Weltfriedenstag (kath.)

4. Am 08.02.2023 in 34537 Bad Wildungen, Stadtkirche (evang.)

5. Am 18.02.2023 in 26386 Wilhelmshaven, Kirche St. Peter (kath.)

6. Am 24.02.2023 in 32130 Enger Stiftskirche (evang.)

---

[116] Die aktuellsten Termine findet man immer hier: https://musiker-gegen-militaermusik.jimdofree.com/in-kirchen/

[117] „Säkularisierte Kirchen" sind Kirchengebäude, in denen früher regelmäßig Gottesdienst bzw. die Heilige Messe gefeiert wurde, die nun aber weltlichen Zwecken dienen.

7. Am 13.03.2023 in 26389 Wilhelmshaven, Christus- und Garnisonkirche, Eröffnungs-Gottesdienst der Gesamtkonferenz der Evangelischen Militärseelsorge in Deutschland (evang.)

8. Am 26.03.2023 in 97082 Würzburg, Wallfahrtskirche Käppele, Kreuzweg für Soldatenfamilien (kath.)

9. Am 24.04.2023 in 56332 Dieblich, Pfarrkirche St. Johannes (kath.)

10. Am 02.05.2023 in 24159 Kiel, Dankeskirche Holtenau, Verabschiedungsgottesdienst für Militärdekan Armin Wenzel (evang.)

11. Am 03.05.2023 in 31162 Bad Salzdetfurth, Kirche in Heinde (evang.)

12. Am 04.05.2023 in 50127 Bergheim, Pfarrkirche Heilig Kreuz (kath.)

13. Am 13.05.2023 in 99869 Wandersleben, St-Petri-Kirche (evang.)

14. Am 17.05.2023 in 24619 Bornhöved, Vicelin-Kirche St. Jakobi (evang.)

15. Am 03.06.2023 in 17033 Neubrandenburg, Konzertkirche (säkularisiert)

16. Am 07.06.2023 in 06571 Roßleben-Wiehe, Evangelisches Kirchspiel Wiehe (evang.)

17. Am 07.06.2023 in 90402 Nürnberg, Eröffnungsabend des „Deutschen Evangelischen Kirchentages", Klarissenplatz (kirchliche Veranstaltung an profanem Ort)

18. Am 04.07.2023 in 19249 Zarrentin, Kloster (kath.)

19. Am 05.09.2023 in 34121 Kassel, Markuskirche (evang.)

20. Am 09.06.2023 in 90439 Nürnberg, Kirchentags-Militärgottesdienst, St. Leonhard (evang.)

21. Am 14.09.2023 in 67433 Neustadt an der Weinstraße, am Hambacher Schloss, feierliches Gelöbnis mit Militärgottesdienst an einem profanem Ort

22. Am 16.09.2023 in 08538 Heinersgrün, Pilgerberg an der Wallfahrtskirche Santa Klara (kath.)

23. Am 23.09.2023 in 17033 Neubrandenburg Konzertkirche (säkularisiert)

24. Am 02.11.2023 in 28195 Bremen, St. Petri Dom (evang.)

25. Am 07.11.2023 in 59759 Arnsberg, Kath. Kirche St. Maria Magdalena und Luzia Bruchhausen (kath.)

26. Am 09.11.2023 in 48153 Münster, St. Joseph (kath.)

27. Am 17.11.2023 in 76872 Minfeld, Protestantische Kirche (evang.)

28. Am 19.11.2023 in 26382 Wilhelmshaven, Christus- und Garnisonkirche (evang.)

29. Am 28.11.2023 in 26316 Varel, St. Bonifatius (kath.)

30. Am 28.11.2023 in 36137 Großenlüder, St. Georg (kath.)

31. Am 28.11.2023 in 49832 Thuine, Klosterkirche der Franziskanerinnen (kath.)

32. Am 29.11.2023 in 17268 Templin, Maria-Magdalenen-Kirche (evang.)

33. Am 29.11.2023 in 29328 Faßberg, Michaelkirche (evang.)

34. Am 29.11.2023 in 56332 Brodenbach, Pfarrkirche Vom heiligen Kreuz (kath.)

35. Am 29.11.2023 in 82418 Murnau am Staffelsee, Pfarrkirche St. Nikolaus (kath.)

36. Am 29.11.2023 in 96145 Heilgersdorf Seßlach, Evang. Kirche

37. Am 29.11.2023 in 96337 Ludwigsstadt, Michaeliskirche, eigentlich Pfarrkirche St. Michael (evang.)

38. Am 29.11.2023 in 99706 Sondershausen, Trinitatiskirche (evang.)

39. Am 30.11.2023 in 26441 Jever, Stadtkirche (evang.)

40. Am 01.12.2023 in 56745 Rieden, Pfarrkirche St. Hubertus (kath.)

41. Am 01.12.2023 in 88631 Beuron, Klosterkirche (kath.)

42. Am 01.12.2023 in 97783 Karsbach, Kirche in Höllrich (evang.)

43. Am 04.12.2023 in 19230 Hagenow, St. Elisabeth (kath.)

44. Am 04.12.2023 in 48143 Münster, St. Paulus Dom (kath.)

45. Am 04.12.2023 in 53113 Bonn, Kreuzkirche (evang.)

46. Am 04.12.2023 in 80803 München, Theatinerkirche (kath.)

47. Am 05.12.2023 in 06667 Weißenfels, Kirche St. Elisabeth (kath.)

48. Am 05.12.2023 in 19055 Schwerin, St. Nikolai, Schelfkirche (evang.)

49. Am 05.12.2023 in 24103 Kiel, St. Nikolai / Nikolaikirche (evang.)

50. Am 05.12.2023 in 26386 Wilhelmshaven, Kirche St. Peter (kath.)

51. Am 05.12.2023 in 70734 Fellbach, Lutherkirche (evang.)

52. Am 05.12.2023 in 97762 Hammelburg, Klosterkirche Altstadt (heute Bayrische Musikakademie, d.h. säkularisierte Kirche)

53. Am 06.12.2023 in 04157 Leipzig, Versöhnungskirche Gohlis (evang.)

54. Am 06.12.2023 in 14467 Potsdam, Kirche St. Nikolai (evang.)

55. Am 06.12.2023 in 24306 Plön, Nikolaikirche (evang.)

56. Am 06.12.2023 in 26388 Wilhelmshaven, St. Georgs-Kirche Sengwarden (evang.)

57. Am 06.12.2023 in 89073 Ulm, Pauluskirche (evang.)

58. Am 06.12.2023 in 91639 Wolframs-Eschenbach, Pfarrkirche (kath.)

59. Am 06.12.2023 in 99625 Kölleda, St. Wippertus (evang.)

60. Am 07.12.2023 in 10178 Berlin, Berliner Dom (evang.)

61. Am 07.12.2023 in 50667 Köln, Trinitatiskirche (evang.)

62. Am 07.12.2023 in 82481 Mittenwald, Pfarrkirche St. Peter und Paul (kath.)

63. Am 08.12.2023 in 23701 Eutin, St. Michaeliskirche (evang.)

64. Am 08.12.2023 in 26434 Wangerland, Sixtus- und Sinicius-Kirche Hohenkirchen (evang.)

65. Am 08.12.2023 in 99867 Gotha, Margarethenkirche (evang.)

66. Am 09.12.2023 in 17033 Neubrandenburg, Konzertkirche (säkularisierte Kirche)

67. Am 10.12.2023 in 40213 Düsseldorf, St. Andreas (kath.)

68. Am 11.12.2023 in 26725 Emden, Martin-Luther-Kirche (evang.)

69. Am 12.12.2023 in 09669 Frankenberg, St. Aegidienkirche (evang.)

70. Am 12.12.2023 in 17033 Neubrandenburg, Konzertkirche (säkularisierte Kirche)

71. Am 12.12.2023 in 18119 Warnemünde, evang. Kirche

72. Am 12.12.2023 in 36148 Kalbach, St. Kilian (kath.)

73. Am 12.12.2023 in 39104 Magdeburg, Johanniskirche (säkularisierte Kirche)

74. Am 12.12.2023 in 41515 Grevenbroich, St. Stephanus (kath.)

75. Am 12.12.2023 in 48308 Senden in St. Laurentius (kath.)

76. Am 12.12.2023 in 54595 Prüm, St. Salvator Basilika (kath.)

77. Am 12.12.2023 in 82340 Feldafing, Kirche Heilig Kreuz (kath.)

78. Am 13.12.2023 in 09496 Marienberg, St. Marienkirche (evang.)

79. Am 13.12.2023 in 23795 Bad Segeberg, Marienkirche (evang.)

80. Am 13.12.2023 in 56068 Koblenz, Florinskirche (evang.)

81. Am 13.12.2023 in 87527 Sonthofen, St. Michael (kath.)

82. Am 13.12.2023 in 92526 Oberviechtal, Stadtkirche (evang.)

83. Am 14.12.2023 in 06567 Bad Frankenhausen, Unterkirche (evang.)

84. Am 14.12.2023 in 24837 Schleswig, St. Petri-Dom (evang.)

85. Am 14.12.2023 in 32423 Minden, Dom (kath.)

86. Am 14.12.2023 in 48231 Warendorf, Marienkirche (kath.)

87. Am 15.12.2023, 01099 Dresden, Garnisonkirche (gehört einer Privatperson, wird aber von der kath. Kirchengemeinde genutzt.)

88. Am 18.12.2023 in 26603 Aurich, Lamberti-Kirche (evang.)

89. Am 18.12.2023 in 83435 Bad Reichenhall, St. Nicolaus (kath.)

90. Am 19.12.2023 in 17291 Prenzlau, St. Nikolai (säkularisiert)

Eine wichtige Rolle spielt die Militärmusik auch im Rahmen der Soldaten-Wallfahrten. Fast alle Wallfahrten werden von der katholischen Militärseelsorge organisiert. Manche führen zu einem Ziel in Deutschland, manche zu einem Ziel im Ausland. Hier die Liste einiger Wallfahrten[118] der Jahre 2021 bis 2023:

1. Wallfahrt rund um die Wartburg, auf den Spuren der Heiligen Elisabeth von Thüringen, 30.08.2023, Erfurt, in Zusammenarbeit von evang. und kath. Militärseelsorge

2. Motorradwallfahrt nach Passau, 13.07.2023, Cham

3. Mit der „Region Mitte" durch Brandenburg, Soldatenwallfahrt auf dem Jakobsweg, 05.07.2023, Strausberg

4. Wo sich Soldaten begegnen, Wallfahrt in Levoca, 02.07.2023, Basilika Maria Heimsuchung im slowakischen Levoca,

5. Fußwallfahrt auf den Amberger Maria-Hilf-Berg. Gottesdienst mit dem Militärbischof, 29.06.2023

6. Hinauf zum „Heiligen Berg", Friedens- und Sternwallfahrt zum Kloster Andechs, 14.06.2023, München

---

[118] Quelle: https://www.bundeswehr.de/de/betreuung-fuersorge/militaerseelsorge/katholische-militaerseelsorge/auftrag-und-angebote/wallfahrten, Download am 15.09.2023

7. Reliquien im Aachener Dom, „Entdecke mich!" - Heiligtumsfahrt 16.06.2023, Aachen

8. Großer Wallfahrtstag in der Zisterzienser-Abtei Marienstatt, 15.06.2023, Mayen

9. Nach den Sternen greifen, Motorradwallfahrt des Katholischen Militärpfarramtes, 05.06.2023, Torgelow

10. Jubiläums- Motorrad-Wallfahrt „20 Jahre Bikerwal fahrt in der Rhein-Region", Militärdekan Rainer Schnettker segnet Motorräder. 25.05.2023, Nörvenich

11. Internationale Soldatenwallfahrt nach Lourdes, 17.05.2023, Lourdes

12. Sternwallfahrt zum Truppenübungsplatz nach Külsheim, Feldgottesdienst mit Pastoralreferent Johannes Kirchgeßner, 17.05.2023, Veitshöchheim

13. Soldatenwallfahrt nach Herzheim Zwölfte Soldatenfußwallfahrt zum Schönstattzentrum in Herxheim, 25.10.2022, Germersheim

14. Soldatenwallfahrt nach Wechselburg. Pilgern als Unterbrechung zum Dienstalltag, 06.10.2022, Erfurt

15. Fußwallfahrt auf den Amberger Maria-Hilf-Berg, 27.07.2022, Amberg

16. Erste Friedenswallfahrt von Soldaten und Pax-Christi-Mitgliedern. Weihbischof Zekorn. Premiere mit Symbolcharakter, 23.05.2022, Münster

17. Bischofsmesse in Lourdes, Militärbischof predigt bei Soldatenwallfahrt in Lourdes. Militärbischof Overbeck predigt, Gottesdienst, 14.05.2022, Lourdes

18. In der Schweiz die Mitte finden - Fußwallfahrt Flüeli-Ranft. WALLFAHRT, 30.08.2021, Berlin

19. Fußwallfahrt zum Marienwallfahrtsort Etzelsbach, 20.05.2021, Bad Frankenhausen

20. Bundeswehr-Angehörige aus Koblenz pilgern nach Vallendar. 20.05.2021, Koblenz

21. Getrennt und doch gemeinsam unterwegs - Lourdes Miniwallfahrt nach Essen. Mit Militärbischof Franz-Josef, 19.05.2021, Wesel

22. Lourdes-Miniwallfahrt in Berlin. Monsignore Reinhold Bartmann erteilt an der Lourdes-Grotte im Kloster Berlin-Lankwitz den Segen. 20.05.2021, Berlin

23. Fußwallfahrt zur Wallfahrtskirche St. Pankraz, 20.05.2021, Bad Reichenhall

24. Wallfahrten zur Klosterruine Abbaye d´Aulne in Belgien, 20.05.2021, Militärpfarramt am SHAPE, Oberkommando der alliierten Streitkräfte in Europa

GEBIRGS DER BUNDESWEHR MUSIKKORPS
GARMISCH-PARTENKIRCHEN

unter der Leitung von **Hauptmann Rudolf Piehlmayer**

UNSERE ADVENTSKONZERTE 2024

02.12.24, 20:00 München
03.12.24, 19:00 Murnau
04.12.24, 19:00 Mittenwald
10.12.24, 19:00 Pöcking
11.12.24, 19:00 Sonthofen
12.12.24, 19:00 Garmisch
17.12.24, 19:00 Bad Reichenhall

Stückauswahl, Beispiel

Ein Beispiel für die Auswahl der Stücke:

Adventskonzert des Stabsmusikkorps der Bundeswehr am 11.12.2020 im Berliner Dom. Wegen Corona per Video, ohne Live-Publikum. Zitat[119] Bundeswehr-Website:

"Wir möchten Sie einladen zu traditionellen Advents- und Weihnachtsmelodien, zu konzertanter Musik von **Telemann, Bruckner oder Humperdinck** bis hin zu zeitgenössischen Komponisten oder modernen Arrangements bekannter Titel. Eine eindrucksvolle Vielfalt der Besetzungsformen erwartet Sie", betont Oberstleutnant Reinhard Kiauka, Leiter des Stabsmusikkorps der Bundeswehr.

„Neben dem Blechbläserquintett, Bläserensemble mit Kontrabass, Klarinettenquartett und Holzbläsertrio erklingen auch ein Hornquartett, ein Saxofonduo mit Perkussion, ein Perkussion-Ensemble und Piccolo-Trompete mit Orgel."

So können sich die Zuschauerinnen und Zuschauer virtuell auf Weihnachtsklassiker wie **„Macht hoch die Tür"** und **„Ihr Kinderlein kommet", „Vom Himmel hoch, o Engel, kommt"** und **„Winter Wonderland"** freuen. **Auch Songs wie „A Little Jazz-Waltz", „Tausend Sterne sind ein Dom", der Abendsegen aus der Oper „Hänsel und Gretel"** sowie **„Silent Jazz"** gehören zum Programm.

---

[119] Siehe auf dieser Website: https://is.gd/V7mH7Z

Die Antwort der Bundesregierung

Antwort der Bundesregierung auf die Kleine Anfrage der Abgeordneten Tobias Pflüger, Kathrin Vogler, Doris Achelwilm, weiterer Abgeordneter und der Fraktion DIE LINKE, Drucksache 19/14590, vom 19.11.2019, Kosten der Militärmusik der Bundeswehr.

„Vorbemerkung der Bundesregierung: Die Militärmusik der Bundeswehr dient der Ausgestaltung dienstlicher und öffentlicher Veranstaltungen und damit ihrer Repräsentation im In- und Ausland. Sie ist ein unverzichtbarer Integrationsfaktor innerhalb der Truppe, zwischen Truppe und Bevölkerung sowie für die internationale Zusammenarbeit.

Militärmusik ist grundlegender Bestandteil des militärischen und diplomatischen Protokolls. Sie ist zudem wichtiges Mittel der Betreuung der Soldatinnen und Soldaten sowie der zivilen Angehörigen der Bundeswehr. Im Ausland und in den Einsatzgebieten stellt sie ein Stück emotional fühlbarer und erfahrbarer Heimat dar und nimmt die Rolle eines kulturellen Botschafters Deutschlands wahr.

Militärmusik pflegt überliefertes Kulturgut und genießt große Wertschätzung in der Bevölkerung, wie die hohen Besucherzahlen ihrer Konzerte zeigen.

Im Rahmen der Öffentlichkeitsarbeit engagiert sich die Militärmusik in zahlreichen sozialen und karitativen Projekten. Sie fördert damit die Identifikation mit der Bundeswehr und ihre Verankerung in der Gesellschaft."

Gesamtkosten ohne Personalkosten inkl. Trennungsgeld und Tagegeld

	2014	2015	2016	2017	2018	2019
Zentrum Militärmusik der Bundeswehr	967.615,00 €	682.893,00 €	1.264.020,00 €	3.323.272,00 €	2.768.092,00 €	2.900.336,00 €
Stabsmusikkorps der Bundeswehr	366.094,00 €	304.856,00 €	321.092,00 €	364.337,00 €	363.952,00 €	436.703,00 €
Musikkorps der Bundeswehr	639.990,00 €	742.166,00 €	597.883,00 €	643.237,00 €	730.463,00 €	751.083,00 €
Big Band der Bundeswehr	473.631,00 €	1.386.283,00 €	1.457.110,00 €	2.382.718,00 €	2.229.974,00 €	2.343.059,00 €
Ausbildungsmusikkorps der Bundeswehr	574.605,00 €	589.454,00 €	514.089,00 €	631.187,00 €	637.445,00 €	730.034,00 €
Gebirgsmusikkorps der Bundeswehr	298.155,00 €	345.266,00 €	296.390,00 €	449.633,00 €	383.522,00 €	388.065,00 €
Heeresmusikkorps Neubrandenburg	300.997,00 €	248.161,00 €	301.453,00 €	459.297,00 €	323.749,00 €	309.749,00 €
Heeresmusikkorps Hannover	369.664,00 €	473.748,00 €	284.982,00 €	341.728,00 €	310.593,00 €	438.562,00 €
Heeresmusikkorps Kassel	320.668,00 €	360.082,00 €	331.463,00 €	320.080,00 €	362.884,00 €	375.420,00 €
Heeresmusikkorps Veitshöchheim	272.746,00 €	321.937,00 €	442.638,00 €	336.483,00 €	380.594,00 €	340.416,00 €
Heeresmusikkorps Ulm	228.987,00 €	308.656,00 €	351.015,00 €	317.132,00 €	340.752,00 €	349.772,00 €
Heeresmusikkorps Koblenz	383.850,00 €	364.784,00 €	437.745,00 €	426.272,00 €	420.085,00 €	358.180,00 €
Luftwaffenmusikkorps Erfurt	270.865,00 €	363.683,00 €	519.773,00 €	338.683,00 €	353.681,00 €	584.065,00 €
Luftwaffenmusikkorps Münster	658.255,00 €	360.638,00 €	330.695,00 €	325.419,00 €	468.554,00 €	370.378,00 €
Marinemusikkorps Kiel	348.402,00 €	366.899,00 €	347.088,00 €	365.150,00 €	359.420,00 €	304.323,00 €
Marinemusikkorps Wilhelmshaven	- €	- €	- €	- €	- €	- €

Anlage 1 zu ParlSts bei der Bundes-
ministerin der Verteidigung Dr. Tauber
1980027-V257 vom   November 2019

Kosten für Instrumente und Noten

	2014	2015	2016	2017	2018	2019
Zentrum Militärmusik der Bundeswehr	43302,53	20534,22	21549,13	20991,07	25966,91	6660,18
Stabsmusikkorps der Bundeswehr	57958,65	101876,58	64025,83	55806,64	47649,47	57498,44
Musikkorps der Bundeswehr	84768,68	74830,35	148808,57	96929,9	101829,36	116303,48
Big Band der Bundeswehr	80319,09	47185,54	83937,74	74111,36	75817,55	71120,27
Ausbildungsmusikkorps der Bundeswehr	70368,09	57644,75	32695,07	37845,17	52637,57	38168,26
Gebirgsmusikkorps der Bundeswehr	26716,53	28339,32	49148,5	42392,79	39563,26	46507,51
Heeresmusikkorps Neubrandenburg	49199,84	25997,75	25770,79	36474,42	41523,75	34645,16
Heeresmusikkorps Hannover	41297,72	45324,21	38383,29	72340,36	37206,96	50351,2
Heeresmusikkorps Kassel	56615,09	50517,84	85358,18	55223,89	51834,56	45634,56
Heeresmusikkorps Veitshöchheim	30694,36	56470,27	88054,88	60919,2	46638,25	42759,22
Heeresmusikkorps Ulm	30120,95	35674,27	43881,72	37565,63	46794,68	40485,65
Heeresmusikkorps Koblenz	65565,12	54012,85	43058,08	55714,29	35429,79	57016,08
Luftwaffenmusikkorps Erfurt	36626,96	40607,32	52201,16	42524,34	51733,62	47767,3
Luftwaffenmusikkorps Münster	14849,95	37154,7	29162,28	54775,49	37574,54	55923,74
Marinemusikkorps Kiel	25395,14	41724,09	57558,53	57548,99	50402,81	46392,04
Marinemusikkorps Wilhelmshaven	0	0	0	0	0	46935,11

Diese Sachkosten-Tabellen sind der „Antwort der Bundesregierung" entnommen,
Drucksache 19/14590, vom 19.11.2019

Das Buch von Nicole Fröchtenicht

Soweit bekannt wurde noch nie ein Buch zum Thema „Militärkonzerte in Kirchen" veröffentlicht, in keiner Sprache. Nun erscheinen fast zeitgleich zwei Bücher zu diesem Thema.

Das Buch von Nicole Fröchtenicht ist ein Schwesterprojekt, geschrieben im selben Geiste wie das hier vorliegende Buch.

Fröchtenicht ist Pastorin der Hannoverschen Landeskirche. Sie arbeitet derzeit als Klinikseelsorgerin an der Psychiatrisch-Psychosomatische Klinik in Celle, also in Niedersachsen.

Nicole Fröchtenichts Buch beruht auf ihrer exzellenten "Wissenschaftlichen Hausarbeit im Rahmen des zweiten theologischen Examens der Evangelisch-lutherischen Landeskirche Hannovers".

Der Titel der Hausarbeit: "Militärkonzerte in der Kirche? Entwurf einer theologischen Entscheidungshilfe für die Gemeindepraxis", vorgelegt am 10.10.2011, Format Din A4, 53 Seiten.

Der Begriff „Hausarbeit" ist missverständlich. Er bedeutete damals das, was man heute „Masterarbeit" nennen würde.

Derzeit ist noch nicht bekannt, unter welchem Titel, in welchem Format und in welchem Verlag Nicole Fröchtenichts Buch erscheinen wird.

Man möge die beide Bücher als gegenseitige Ergänzung verstehen.

Interview
mit Oberst Christoph Scheibling

Dieses Interview haben wir im Dezember 2023 von der Bundeswehr-Website kopiert. [120] Wir drucken es hier ab, um zu zeigen, wie die Gegenseite sich selbst sieht. Autor: Timo Kather, Bundeswehr. Original-Überschrift: „Die Militärmusik ist ein Begleiter in Freud und Leid" – Serie „Nachgefragt", 11.08.2023, Berlin

Militärorchester sind mehr als nur die Taktgeber für marschierende Soldatinnen und Soldaten. Mit ihrer Kunst spenden sie Trost und wecken Gefühle der Zugehörigkeit und der Entschlossenheit bei den Zuhörenden. Warum diese Qualitäten in Kriegszeiten von besonderer Bedeutung sind, weiß Oberst Christoph Scheibling vom Militärmusikdienst der Bundeswehr.

Oberst Christoph Scheibling vom Militärmusikdienst der Bundeswehr diskutiert mit „Nachgefragt"-Moderatorin, Frau Hauptmann Maria Schönemann, über die historische Entwicklung der Militärmusik und ihre Wirkung auf die Menschen.

„Wir kennen die Militärmusik bereits seit der Antike", sagt Oberst Scheibling im Gespräch mit „Nachgefragt"-Moderatorin, Frau Hauptmann Maria Schönemann. Musik sei ursprünglich als Signal zur Übermittlung von Befehlen eingesetzt worden, habe sich in der frühen Neuzeit weiter ausdifferenziert und sei schließlich im 19. Jahrhundert mit der Entstehung von professionellen Militärorchestern zur vollen Blüte gelangt.

Insbesondere die Marschmusik sei nach wie vor ein wichtiger Teil des militärischen Zeremoniells, so der stellvertretende Leiter des Militärmusikdienstes der Bundeswehr. „Wir benutzen sie wie seit dem 17. Jahrhundert zum Marschieren, um den

---

[120] Quelle: https://www.bundeswehr.de/de/aktuelles/meldungen/nachgefragt-militaermusik-begleiter-in-freud-und-leid-5649826

Gleichschritt einzuhalten. Sie gehört aber auch aus feierlichen Aspekten dazu."

Militärorchester begleiten Appelle, Gelöbnisse, Feldgottesdienste und Trauerfeiern. „Wir sind mit der Militärmusik für unsere Soldatinnen und Soldaten ein Begleiter in Freud und Leid", so der Oberst. Militärmusik sei ein Teil der Tradition in den Streitkräften und diene auch ihrer Außendarstellung. „Wir sind Botschafter der Bundeswehr in unsere Gesellschaft hinein und wirken dort mit unserer Musik als öffentlichkeitswirksames Instrument." So hatte das Stabsmusikkorps der Bundeswehr unter der Leitung von Scheibling zum Beispiel auch einen Auftritt auf dem Heavy-Metal-Festival in Wacken.

Musik sei eine mächtige Universalsprache, die von allen Menschen verstanden werde und der sich niemand entziehen könne, so Scheibling. „Das liegt daran, dass wir eine natürliche Reaktion im Körper haben auf Klänge, auf Musik. Wenn sie uns in der richtigen Dosis, im richtigen Rhythmus und der richtigen Harmonie anspricht."

Zudem könne Musik gezielt eingesetzt werden – wie zum Beispiel in der soldatischen Ausbildung. So würden zum Beispiel die US-Streitkräfte Musik und Gesang nutzen, um bei ihren Rekrutinnen und Rekruten Gemeinschaft entstehen zu lassen. „Damit wächst man zusammen. Man geht im Gleichschritt, man singt das Gleiche, man ist quasi unisono vereint. Man atmet gleich und man drückt das gleiche Gefühl aus", so der Oberst.

Die Entschlossenheit der Soldatinnen und Soldaten werde gestärkt, ihren Ängsten werde ein Ventil gegeben. Das könne zur Schlagkraft der Einheiten beitragen, so Scheibling. „Hier werden Gefühle stimuliert und verarbeitet, die die Soldaten betreffen. Es ist ein Mutmacher, es ist ein Stück Motivation, es ist ein Anpeitschen. Aber ich glaube auch, es trägt dazu bei, sich gemeinsam zu artikulieren, um weniger mit seinen Problemen alleine zu sein."

Vermittlung von Identität und Gemeinschaft. Die Militärmusiker der ukrainischen Streitkräfte beispielsweise treten bewusst an Orten auf, die kurz zuvor von den russischen Streitkräften attackiert worden sind. „Wir erleben ganz deutlich, wie wichtig es ist, die Militärmusik auch als Kulturbotschafter, als Vermittler von Kultur und von Heimat in der Gesellschaft einzusetzen", so Scheibling.

Durch ihre Auftritte vermittelten die Militärmusikerinnen und -musiker ihren Mitmenschen „die Zusammengehörigkeit, die nationale Identität, die Wichtigkeit ihrer Heimat." Ihre Botschaft sei, dass die Bürgerinnen und Bürger trotz der Gewalt und der Zerstörung in der Ukraine zusammenhalten sollten, so Oberst Scheibling. „Und das kann keine Formation besser als die Militärmusik."

ZUR PERSON [Dieser Abschnitt stand auf der Bundeswehr-Website unterhalb des Interviews]: Oberst Christoph Scheibling ist seit 2022 stellvertretender Leiter des Militärmusikdienstes und stellvertretender Leiter des Zentrums für Militärmusik der Bundeswehr. Scheibling, Jahrgang 1968, trat 1989 in die Streitkräfte ein, um Musikoffizier und Kapellmeister zu werden. Er studierte Dirigieren und Klavier und diente ab 1998 beim Stabsmusikkorps der Bundeswehr. 2001 wurde er Leiter des Gebirgsmusikkorps, ab 2007 wurde das Luftwaffenmusikkops 2 von Scheibling geleitet. In den Jahren 2009 und 2010 war er Mentor für Militärmusiker aus Afghanistan. Bevor Scheibling seinen aktuellen Dienstposten übernahm, war der Oberst rund zehn Jahre beim Musikkorps der Bundeswehr.

Leserbrief

von Theodor Ziegler

Leserbrief von Theodor Ziegler an die Badische Zeitung Lokal-Redaktion Breisach, zum Artikel „Konzert der Heeresmusiker" vom 10. Juni 2016[121]

Musizierende Soldaten schießen nicht, könnte man meinen und mit Freuden zum Heeresmusikkonzert am 13. Juli zur Breisacher Festspielbühne gehen. Eine rechnerische Reflexion führt jedoch zu einem anderen Schluss: So ergeben 750 verkaufte Plätze maximal 10.000 Euro an Einnahmen für den veranstaltenden Volksbund Kriegsgräberfürsorge. Der 60-köpfige Profiklangkörper der Bundeswehr aus Ulm – es gibt noch 14 weitere - dürfte im Jahr gut 2,5 Mio. Euro kosten. Bei rund 50 Auftritten pro Jahr bedeutet dies allein für das Breisacher Konzert 50.000 Euro Kosten für den Steuerzahler. Wäre es nicht ehrlicher und ökonomisch sinnvoller, wenn der Bund dem Volksbund die erhofften Einnahmen direkt gäbe oder die Soldatengräber und deren Pflege als militärische Folgekosten komplett aus dem Verteidigungsetat finanzierte.

Die Frage der Sinnhaftigkeit von Militärmusik beantwortet die Bundeswehr selbst auf ihrer Internetseite: „... im Auftrag des Bundesministers der Verteidigung nicht nur gute Laune zu verbreiten, sondern auch Werbung in eigener Sache zu machen und jungen Menschen den Arbeitgeber Bundeswehr auf eine ganz besondere Art näher zu bringen."

War es so nicht zu allen Zeiten – Musik wird instrumentalisiert, um Menschen für das Militär zu rekrutieren bzw. um in der Bevölkerung Imagepflege für die militärische Sicherheitspolitik zu

---

[121] Dieser Text bildet eine Ausnahme. Es geht nicht um ein kirchliches, sondern um eine „weltliches" Militärkonzert. Der Text ist sehr gut und prägnant. Deshalb die Ausnahme. Das Konzert wurde dann abgesagt; warum weiß man nicht.

betreiben? Ein Besuch auf einem Soldatenfriedhof könnte etwas anderes lehren.

Stellenausschreibung Militärmusiker*in

Quelle: Bundeswehr-Website[122]

Soldatin / Soldat (m/w/d) im Militärmusikdienst

Als Musikerin bzw. Musiker im Militärmusikdienst werden Sie in einem Musikkorps oder Stabsmusikkorps der Bundeswehr als Orchestermusikerin bzw. Orchestermusiker oder als Soldatin bzw. Soldat des Spielmannszuges eingesetzt. Dort treten Sie bei Zeremoniellen der Bundeswehr, Konzertveranstaltungen oder weiteren repräsentativen Auftritten im In- und Ausland auf. Als Orchestermusikerin bzw. Orchestermusiker werden Sie beim

---

[122] Quelle: https://www.bundeswehrkarriere.de/soldatin-soldat-m-w-d-im-militaermusikdienst-290, Download 05.08.2024

Ausbildungsmusikkorps der Bundeswehr in enger Zusammenarbeit mit der Robert Schumann Hochschule Düsseldorf ausgebildet. Die künstlerische Instrumentalausbildung sowie Orchesterarbeit bilden hier die Ausbildungsschwerpunkte. Als Soldatin bzw. Soldat im Spielmannszug treten Sie z. B. als Trommlerin oder Trommler, oder als Flötistin oder Flötist (Spielmannspfeife) auf. Als eigenständige Formation kommen Auftritte bei internationalen Militärmusikshows (z.b. Musikfest der Bundeswehr) oder Festivals der Musikszene dazu. Im Rahmen der Aufführung des Großen Zapfenstreiches, der höchsten protokollarischen Zeremonie der Bundeswehr, welche oftmals als Live-Sendung im TV übertragen wird, nehmen Sie bei besonderen Jubiläen oder der Verabschiedung von hochrangigen Persönlichkeiten aus Politik und Militär teil.

Standorte

Die Bundeswehr hat über 200 Standorte und im besten Fall können Sie an Ihrem Wunschstandort arbeiten.

Gehalt

Das Monatsgehalt für diese Tätigkeit liegt je nach Laufbahn und Ihrer persönlichen Lebenssituation zwischen ca. 2.320, - € und 3.873, - € netto.

Die Tätigkeitsebenen bei der Bundeswehr

Die Bundeswehr unterscheidet zwischen verschiedenen Tätigkeitsebenen, genannt "Laufbahnen".

- Feldwebel

- Mannschaften

Ihre Aufgaben als Orchestermusikerin / Orchestermusiker (m/w/d)

- Sie durchlaufen eine dreimonatige, überwiegend durch sanitätsdienstliche Komponenten geprägte militärische Grundausbildung.

- *Sie erhalten im „Musikfachlichen Basismodul" eine intensive musikalische Schulung in Theorie und Praxis in Vorbereitung auf die Eignungsprüfung an der Robert Schumann Hochschule Düsseldorf.*

- *Sie haben Unterricht auf Ihrem Hauptinstrument, in Musiktheorie und zusätzlich im Nebenfach Klavier.*

- *Sie absolvieren vor Beginn des Studiums einen dreimonatigen Laufbahnlehrgang an der Sanitätsakademie der Bundeswehr in München.*

- *Sie beginnen im „Musikfachlichen Aufbaumodul" Ihr Bachelorstudium für Orchesterinstrumente.*

- *Sie studieren im Wesentlichen Ihr gewähltes Hauptfach und Orchestermusik sowie das Spielen in Kammermusikensembles.*

- *Sie haben darüber hinaus Unterricht in Nebenfächern wie Musiktheorie sowie Musikwissenschaft und die Möglichkeit, aus einer Vielzahl von Kursangeboten zu wählen.*

- *Sie spielen als Angehörige bzw. Angehöriger des Ausbildungsmusikkorps der Bundeswehr bei Proben und Konzerten des sinfonischen Blasorchesters.*

- *Sie arbeiten nach der insgesamt fünfjährigen Ausbildung in einem Musikkorps der Bundeswehr.*

- *Sie interpretieren in Ihrem Musikkorps ein vielfältiges Programm aus traditioneller Marschmusik, originalen Blasorchesterkompositionen, Bearbeitungen klassischer Werke, und Highlights aus Rock und Pop.*

Was für Sie zählt

- *Sie arbeiten bei einem anerkannten Arbeitgeber in sicheren wirtschaftlichen Verhältnissen.*

- *Sie absolvieren ein erstklassig praxisorientiertes Studium bei Dozentinnen und Dozenten, die oftmals Mitglieder renommierter Orchester sind.*

- *Als Bewerberin bzw. Bewerber mit bereits absolviertem Musikstudium durchlaufen Sie keine musikalische Ausbildung mehr. Es gelten andere Altersgrenzen. Sie können (bei erfüllten Voraussetzungen) mit höherem Dienstgrad eingestellt werden.*

- *Sie sind in einem spannenden und herausfordernden Aufgabenbereich tätig.*

- *Sie arbeiten in einem kameradschaftlichen Umfeld.*

- *Sie werden gezielt von Lehrkräften der Robert Schumann Hochschule sowie Fachpersonal des Ausbildungsmusikkorps der Bundeswehr auf die Eignungsprüfung vorbereitet.*

- *Es erwarten Sie eine Vielzahl an zusätzlichen Qualifizierungsmöglichkeiten und ein attraktives Vergütungspaket.*

Was für uns zählt

- *Sie sind mindestens 17 Jahre alt.*

- *Sie besitzen die deutsche Staatsbürgerschaft.[123]*

- *Sie haben mindestens die Hauptschule und eine Berufsausbildung oder die Realschule erfolgreich abgeschlossen.*

- *Sie haben sehr gute Fertigkeiten auf einem der hier aufgeführten Orchesterinstrumente: Querflöte, Oboe, Klarinette (deutsches System), Fagott, Saxofon, Waldhorn,*

---

[123] Anmerkung der Bundeswehr: „Im Militärmusikdienst ist eine Einstellung auch ohne deutsche Staatsbürgerschaft möglich, sofern alle sonstigen Voraussetzungen gegeben sind."

Trompete, Tenorhorn/Bariton, Posaune, Tuba, Keyboard oder Schlagzeug.

- Sie verfügen als Schlagzeugerin bzw. Schlagzeuger über gute Kenntnisse auf der kleinen Trommel, den Pauken, den Stabspielen sowie dem Drum Set.

- Sie sind bereit, sich bundesweit versetzen zu lassen.

- Sie erklären sich dazu bereit, an Auslandseinsätzen der Bundeswehr teilzunehmen.

- Die Regelverpflichtungszeit beträgt 15 Jahre. Bei verwertbarer Vorausbildung beträgt die Mindestverpflichtungszeit 4 - 13 Jahre.

Bei Fragen zum Auswahlverfahren wenden Sie sich bitte an das Ausbildungsmusikkorps der Bundeswehr, Elberfelderstraße 200, 40724 Hilden, Telefon 02103 28 2505, E-Mail: AusbMusKorpsBw @bundeswehr.org

Gehaltstabellen

In diesen Gehaltstabellen steht, was Soldat*innen im Militärmusikdienst verdienen, obwohl die was Soldat*innen im Militärmusikdienst nicht ausdrücklich genannt werden.

Hauptmann / Kapitänleutnant (m/w/d), 28 Jahre, verheiratet, 2 Kinder

Grundgehalt A 11, Erfahrungsstufe 3, Lohnsteuerklasse IV, 2 Kinderfreibeträge	**4.488,54 €**
Familienzuschlag Stufe 3	464,04 €
Bruttodienstbezüge	**4.952,58 €**
./. Lohnsteuer	1.102,33 €
./. Solidaritätszuschlag	0,00 €
./. Kirchensteuer	73,71 €
Nettodienstbezüge	**3.776,54 €**

Anmerkungen:
- Soldatinnen und Soldaten sind nicht sozialversicherungspflichtig.
- Soldatinnen und Soldaten profitieren von einer unentgeltlichen truppenärztlichen Versorgung.
- Kindergeld wird nach den Vorschriften des Einkommensteuergesetzes gewährt.
- Es wird die Lohnsteuertabelle 2024 herangezogen.
- Bei dienstlicher Verpflichtung zum Wohnen in der Gemeinschaftsunterkunft vermindert sich das Grundgehalt gem. § 39 Abs. 2 Bundesbesoldungsgesetz um 129,62/ 137,60 €.

Gültig seit: 1. März 2024

BUNDESWEHR

Oberfähnrich / Oberfähnrich zur See (m/w/d), 21 Jahre, ledig, keine Kinder

Grundgehalt A 8, Erfahrungsstufe 2, Lohnsteuerklasse I	**3.227,85 €**
Amtszulage	79,56 €
Bruttodienstbezüge	**3.307,41 €**
./. Lohnsteuer	532,75 €
./. Solidaritätszuschlag	0,00 €
./. Kirchensteuer	47,95 €
Nettodienstbezüge	**2.726,71 €**

Leutnant / Leutnant zur See (m/w/d), 22 Jahre, ledig, keine Kinder

Grundgehalt A 9, Erfahrungsstufe 2, Lohnsteuerklasse I	**3.457,74 €**
Erhöhungsbetrag	10,97 €
Bruttodienstbezüge	**3.468,31 €**
./. Lohnsteuer	583,21 €
./. Solidaritätszuschlag	0,00 €
./. Kirchensteuer	52,49 €
Nettodienstbezüge	**2.832,57 €**

C. Dienstbezüge nach dem Studium

Oberleutnant / Oberleutnant zur See (m/w/d), 24 Jahre, verheiratet, keine Kinder

Grundgehalt A 10, Erfahrungsstufe 3, Lohnsteuerklasse VI	**3.921,86 €**
Familienzuschlag Stufe 1	171,28 €
Erhöhungsbetrag	10,97 €
Bruttodienstbezüge	**4.104,11 €**
./. Lohnsteuer	793,91 €
./. Solidaritätszuschlag	0,00 €
./. Kirchensteuer	71,45 €
Nettodienstbezüge	**3.238,75 €**

[1] Familienzuschläge werden in verschiedenen Stufen gewährt: Stufe 1 erhalten mitunter verheiratete Paare, Stufe 2 erhalten bspw. verheiratete Paare mit einem Kind.

[2] Die Kirchensteuer fällt nur bei Bestehen einer Kirchensteuerpflicht an. Für FWDL wird ausschließlich der Kirchensteuersatz des Landes Nordrhein-Westfalen zugrunde gelegt.

Bezügebeispiele für die Laufbahn der Offiziere

Hierbei handelt es sich um eine beispielhafte **Musterberechnung** während der militärischen Ausbildung, während des Studiums und nach dem Studium in der Laufbahn der Offiziere. Es werden nicht alle Dienstgrade und Kombinationsmöglichkeiten berücksichtigt. Ihre tatsächlichen Bezüge können aufgrund Ihrer persönlichen Lebenssituation abweichen.

A. Dienstbezüge in der militärischen Ausbildung

Schütze, Flieger, Matrose Offizieranwärter (m/w/d), 19 Jahre, ledig, keine Kinder

Grundgehalt A 3, Erfahrungsstufe 1, Lohnsteuerklasse I	2.706,99 €

Bruttodienstbezüge	2.706,99 €
./. Lohnsteuer	354,25 €
./. Solidaritätszuschlag	0,00 €
./. Kirchensteuer	31,88 €
Nettodienstbezüge	2.320,86 €

B. Dienstbezüge im Studium

Fahnenjunker / Seekadett Offizieranwärter (m/w/d), 20 Jahre, ledig, keine Kinder

Grundgehalt A 5, Erfahrungsstufe 1, Lohnsteuerklasse I	2.778,44 €

Bruttodienstbezüge	2.778,44 €
./. Lohnsteuer	374,66 €
./. Solidaritätszuschlag	0,00 €
./. Kirchensteuer	33,72 €
Nettodienstbezüge	2.370,06 €

Fähnrich / Fähnrich zur See (m/w/d), 21 Jahre, ledig, keine Kinder

Grundgehalt A 7, Erfahrungsstufe 1, Lohnsteuerklasse I	2.963,97 €

Bruttodienstbezüge	2.963,97 €
./. Lohnsteuer	428,75 €
./. Solidaritätszuschlag	0,00 €
./. Kirchensteuer	38,59 €
Nettodienstbezüge	2.496,63 €

Argumente

Quelle: Website der „Initiative Musiker*innen gegen Militärmusikkorps"[124]

Die Bundeswehr-Musikkorps kosten über 70 Millionen Euro pro Jahr. Dieses Geld fehlt in Schulen, in Kitas, bei der Bahn und in der Pflege.

Auftritte der Militärmusikkorps sind laut Bundeswehr-Website eine Brücke zur Bevölkerung - und insofern Image-Werbung für das Militär und den Krieg.

Bei Militärkonzerten tarnt sich das Militär als harmlos und fast zivil. Ausgeblendet wird (a.) die Sinnlosigkeit der deutschen Auslandseinsätze, (b.) die Grausamkeit und (c.) die Geldverschwendung.

Selbst-ironisch bezeichnet sich die Militärmusik immer wieder als musikalische Geheimwaffe. In dieser Ironie steckt aber Wahrheit.

Bundeswehr-Musikkorps unterstützen militärische Zeremonien und damit das Militär und das Morden.

Bundeswehr-Musikkorps sorgen bei Auslandseinsätzen für gute Stimmung unter den Soldat*innen. Und damit für mehr Kampfmoral.

Bundeswehr-Musikkorps stehen in nahezu ungebrochener Tradition zu den Militärmusik-Kapellen vergangener Jahrhunderte.

Wir protestieren nicht nur gegen die Auftritte der Militärmusik auf Marktplätzen und in Stadthallen, sondern auch gegen die circa 100 Militärkonzerte in katholischen und evangelischen

---

[124] Quelle: https://musiker-gegen-militaermusik.jimdofree.com/, Download 06.08.2024.

Kirchen. Was hätte Jesus Christus dazu gesagt, dass in seinem Haus musikalische Militär-Image-Werbung stattfindet?

Das Hausrecht in der Kirche (und an den Eingängen der Kirche) geht während eines Militärkonzertes ganz oder teilweise auf das Militär über. Ist das im Sinne Jesu?

Zusammenfassung: Musik soll nicht dem Krieg und nicht dem Militär dienen! Sondern Musik soll dem Frieden und der Völkerverständigung dienen! Musik soll der weltweiten Abrüstung dienen!

Legende vom toten Soldaten

Von Bertolt Brecht

Die Legende vom toten Soldaten, zuerst erschienen unter dem Titel Ballade vom toten Soldaten, ist eines der bekanntesten Gedichte von Bertolt Brecht.

Es beschreibt, wie ein gefallener Soldat wieder ausgegraben, für tauglich erklärt und in einem grotesken Maskenzug erneut in den Krieg geführt wird – unterstützt und begleitet durch Militärmusik, Militärpfarrer und Sanitäter. Sarkastisch wird dargestellt, wie diese drei militärischen Dienste den Krieg unterstützen.

Das Gedicht ist 1917 oder 1918 entstanden und wurde 1922 im Anhang des Erstdrucks von Brechts Drama „Trommeln in der Nacht" veröffentlicht.

Und als der Krieg im vierten Lenz
Keinen Ausblick auf Frieden bot
Da zog der Soldat seine Konsequenz
Und starb den Heldentod.

Der Krieg war aber noch nicht gar
Drum tat es dem Kaiser leid
Dass sein Soldat gestorben war:
Es schien ihm noch vor der Zeit.

Der Sommer zog über die Gräber her
Und der Soldat schlief schon
Da kam eines Nachts eine militär-
ische ärztliche Kommission.

Es zog die ärztliche Kommission
Zum Gottesacker hinaus
Und grub mit geweihtem Spaten den
Gefallnen Soldaten aus.

Der Doktor besah den Soldaten genau
Oder was von ihm noch da war
Und der Doktor fand, der Soldat wär k.v.[125]
Und er drücke sich vor der Gefahr.

Und sie nahmen sogleich den Soldaten mit
Die Nacht war blau und schön.
Man konnt, wenn man keinen Helm aufhatt´
Die Sterne der Heimat sehn.

Sie schütteten ihm einen feurigen Schnaps
In den verwesten Leib
Und hängten zwei Schwestern in seinen Arm
Und ein halb entblößtes Weib.

Und weil der Soldat nach Verwesung stinkt
Drum hinkt ein Pfaffe voran
Der über ihn ein Weihrauchfass schwingt
Dass er nicht stinken kann.

Voran die Musik mit Tschindrara
Spielt einen flotten Marsch

---

[125] Die Abkürzung k.v. bedeutet kriegsverwendungsfähig, das heißt grundsätzlich tauglich für jeden Dienst innerhalb der Armee.

Und der Soldat, so wie er 's gelernt
Schmeißt seine Beine vom Arsch.

Und brüderlich den Arm um ihn
Zwei Sanitäter gehen
Sonst flög er noch in den Dreck ihnen hin
Und das darf nicht geschehn.

Sie malten auf sein Leichenhemd
Die Farben Schwarz-Weiß-Rot
Und trugen 's vor ihm her; man sah
Vor Farben nicht mehr den Kot.

Ein Herr im Frack schritt auch voran
Mit einer gestärkten Brust
Der war sich als ein deutscher Mann
Seiner Pflicht genau bewusst.

So zogen sie mit Tschindrara
Hinab die dunkle Chaussee
Und der Soldat zog taumelnd mit
Wie im Sturm die Flocke Schnee.

Die Katzen und die Hunde schrein
Die Ratzen im Feld pfeifen wüst:
Sie wollen nicht französisch sein
Weil das eine Schande ist.

Und wenn sie durch die Dörfer ziehn
Waren alle Weiber da
Die Bäume verneigten sich, der Vollmond schien
Und alles schrie hurra.

Mit Tschindrara und Wiedersehn!
Und Weib und Hund und Pfaff!
Und mittendrin der tote Soldat
Wie ein besoffner Aff.

Und wenn sie durch die Dörfer ziehn
Kommt 's, dass ihn keiner sah

So viele waren herum um ihn
Mit Tschindrara und Hurra.

So viele tanzten und johlten um ihn
Dass ihn keiner sah.
Man konnte ihn einzig von oben noch sehn
Und da sind nur Sterne da.

Die Sterne sind nicht immer da
Es kommt ein Morgenrot.
Doch der Soldat, so wie er 's gelernt
Zieht in den Heldentod.

Die Bertha-von-Suttner-Stiftung

Die Herausgabe dieses Buches wurde gefördert durch die Bertha-von-Suttner-Stiftung der Deutschen Friedensgesellschaft – Vereinigte Kriegsdienstgegner*innen, DFG-VK.

Bertha von Suttner, 1843-1914, war eine tschechisch-österreichische Pazifistin, Friedensforscherin und Schriftstellerin. Sie wurde 1905 als erste Frau mit dem Friedensnobelpreis ausgezeichnet.

Ihre Grundgedanken und Forderungen sind auch heute aktuell: Friedliche Beilegung von Streitigkeiten auf der Grundlage des Völkerrechts sowie die allgemeine Abrüstung aller Staaten.

Die Bertha-von-Suttner-Stiftung will durch ihre Projektförderungen Menschen motivieren und qualifizieren, die sich für Abrüstung, Gewaltfreiheit und zivile Konfliktbearbeitung einsetzen.

Volksbund Kriegsgräberfürsorge

Wie passt das zusammen? Der Volksbund Deutscher Kriegsgräberfürsorge e.V. beklagt die Toten vergangener Kriege, unterstützt aber militärische Optionen (d.h. die Bundeswehr) und damit zukünftige Kriege.

Gedenkkonzert zum Volkstrauertag im Berliner Dom

© Volksbund/Marion Freude

Endlich wieder ein Gedenkkonzert im Berliner Dom zum Volkstrauertag

Das traditionelle Gedenkkonzert des Landesverbandes Berlin kann nach einigen Jahren pandemiebedingter Pause endlich wieder im Berliner Dom aufgeführt werden.

Wir freuen uns auf das Grußwort des Senators für Kultur und Gesellschaftlichen Zusammenhalt Joe Chialo. Das Stabsmusikkorps unter der Leitung von Oberstleutnant Reinhard Kiauka wird Sie mit einem interessanten Programm

Der Eintritt ist für Sie wie immer frei – wir freuen uns jedoch sel
über Ihre Spenden, zumal die Kosten deutlich gestiegen sind! W:
bitten um Ihre Anmeldung unter berlin@volksbund.de oder Tel.
030-2546 4134.

Neben der Gedenkrede durch unseren Landesvorsitzenden Dr. Fı
Felgentreu und dem Grußwort erwartet Sie folgendes
musikalisches Programm:

Dunkle Zeiten
2. Satz aus der Schloss-Sinfonie von Guido Rennert

„Marsh Myru" (Marsch des Friedens)
auf Basis ukrainischer Melodien von Wolfram Rosenberger

„Selig sind, die da Leid tragen"
1. Satz aus „Ein deutsches Requiem" von Johannes Brahms
Bearbeitung: Barbara Buehlman/Paul Achcenich

Hornkonzert Nr. 3, KV 477
2. Satz (Romanze) und 3. Satz (Allegro) von Wolfgang Amadeus
Mozart
Bearbeitung: Walter Ratzek
Solist: Hauptfeldwebel Francesco Lillo

„Hym to the Fallen"
John Williams
Bearbeitung: Paul Lavender

Totengedenken mit Gedenkminute
Sophia Wegener, Volksbund Deutsche Kriegsgräberfürsorge e.V.

Der gute Kamerad
Friedrich Silcher
Oberfeldwebel Stefan Knaebel, Trompete

The Secret of „The White Rose"
Otto M. Schwarz

Das „Te Deum"

Von Karl Henckell (1864 – 1929)[126]

Auch in diesem Gedicht die unheilvolle Verbindung von Militärmusik und Militärseelsorge. Henckell hat in verschiedenen europäischen Ländern gewohnt und gearbeitet; deshalb seine internationale Sichtweise. Im vorletzten Absatz des Gedichtes schreibt er, dass auch auf der Gegenseite Militärpfarrer und die Militärmusik wirken.

Glutsommer Siebzig. Spichrer Höhen dampften.
Kanonen heulten. Schwerschwadronen stampften.
Die Leiber zuckten in den Ackergrund,
Entsetzen atmete der Erde Mund.
Blut floss, als sei schon Rotwein-Kelterzeit.
Dumpf Trommelwirbel! Die Trompete schreit.
Und Zug auf Zug, im Opferrausche, stürmt.
Hurra und Vorwärts! Leichen aufgetürmt!
Zehntausend Menschen weniger oder mehr.
Hurra! du preußisches, du tapfres Heer! –
Genommen! Sieg! Der Abend kühlt hernieder
Und küsst mitleidig die erstarrten Glieder.
Halbtote lechzen in die laue Luft,
In ihre Nase wittert Leichenduft.
Die roten Kreuze[127] bahren auf, verbinden
Und hören Sterbeseufzer sich entwinden.
»Mein Weib, mein armes, o mein armes – ah!«

---

[126] Karl Henckell (1864 – 1929) Gesammelte Werke, Band 2, zitiert nach https://www.textarchiv.com/karl-henckell/te-deum. Es handelt sich um eine Umdichtung des in der Kirche bekannten, ambrosianischen Te Deum. Henckell hat auch verfasst: "Friedenslied zum internationalen Friedenskongress in Bern. Von dem Dichter gesprochen in dem von der Berner Section veranstalteten Vortragsabend." In: Die Waffen nieder! Band 1, Nr. 9 (15. September 1892), Seiten 31-32
[127] Die Mitarbeiter*innen des „Roten Kreuzes"

Der Rumpf schlägt hin. Hurra, Germania!

Te Deum! Trommeln thronen den Altar.
Die Bibel offen. Feldpropst im Talar.
Die schwachen Bataillone rund rangiert.
»Helm in die Hand!« der Hauptmann kommandiert.
Der Feldpropst räuspert sich:»O, du da droben,
Lass deinen unerforschten Ratschluss loben!
Der heiligen Sache hast du Sieg gewährt
Und deinen Willen wunderbar erklärt.
Wir danken dir, du höchster Herr der Welt,
Dass du des Erbfeinds Höllenplan zerschellt.
Sei fürder mit uns! Segne du den König
Samt Bundesfürsten!« Weiter dann eintönig:
»Lass deine Gnade aufgehn über allen,
Insonderheit für die, so heut gefallen!
Für dich sind sie geboren in den Tod.
Gott, sei uns gnädig! Hilf aus aller Not!«– –
Die Mannschaft singt:»Herr Gott, dich loben wir!«
–»Helm auf!« – Die Leute rücken ins Quartier.[128]

Jenseits im Tale ward zur selben Zeit
Dem Gott Napoleons der Dienst geweiht.
Matt, knielahm stehn sie mit gesunknem Blick
Und denken an ihr trauriges Geschick.
Im Stillen ballt und krampft sich manche Faust,
Indes der düstere Choral erbraust.

Le prêtre aber faltet seine Hände:
»Mon Dieu! Gib, dass sich morgen alles wende!
Fleuch du dem kaiserlichen Aar voraus
Und stoß das Geiertier in Nacht und Graus!
Gott segne, segne unser Herrscherhaus!
Ich weiß, du wolltest uns gewiss erst prüfen.

---

[128] Anspielung auf den Zapfenstreich. Ursprünglich war der Zapfenstre ch die Aufforderung an die Soldaten, vom abendlichen Gaststättenbesuch „nach Hause" in die Kaserne zu kommen. Dort dann das Lied und Abendgebet.

Nun leih uns Sieg! Wir schrein aus Herzenstiefen.«
Mit opferdumpfer Todergebung ziehn
In ihr Gelass die dünnen Kompanien ...

Die Autoren

Pfr. Dr. Matthias-W. Engelke war Gemeindepfarrer und Militärpfarrer. Dann wurde er Pazifist, Friedensaktivist und Vorsitzender des Internationalen Versöhnungsbundes – Deutscher Zweig. Heute lebt er als "Pfarrer im Ruhestand" in Köln.

Dr. phil., Dipl. pol. Markus Euskirchen ist Internet-Redakteur am "Institut für Gesellschaftsanalyse" und im "Gesprächskreis Friedens- und Sicherheitspolitik" der Rosa-Luxemburg-Stiftung. Dissertation über Militärrituale. Online-Redakteur von „wemgehoert-die-welt.de" und „prokla.de".

Stefan Gehrt ist in Sachsen aufgewachsen. Er war Kriegsdienstverweigerer und Spatensoldat. Er lebt als Kirchenmusiker im Ruhestand in Dresden.

Dr. Christoph Münchow aus Radebeul war viele Jahre Bundesvorsitzender der Evangelischen Arbeitsgemeinschaft für Kriegsdienstverweigerung und Frieden (EAK).

Prof. Dr. Hanns-Werner Heister arbeitete als Musikpublizist für Rundfunkanstalten, Zeitungen und Zeitschriften. Nach zahlreichen Lehraufträgen (in Berlin, Hamburg, Dresden, Weimar und Wien) war er von 1992 bis 1998 Professor für Musikgeschichte und Musikkommunikation in Dresden und von 1998 bis zu seiner Emeritierung 2011 in Hamburg Professor für Musikwissenschaft. Seine weit-gefächerte Forschung hat ihr Zentrum in einer herrschafts- und gesellschaftskritischen Analyse von Musik und Musikkultur.

Rainer Schmid ist evangelischer Theologe und Religionslehrer in Ulm. Er ist aktiv im Internationalen Versöhnungsbund, in der Deutschen Friedensgesellschaft – Vereinigte Kriegsdienstgegner*innen (DFG-VK), im Ökumenischen Institut für Friedenstheologie (OekIF) und im Leitungskreis der evangelischen Friedenspfarrer (EAK-Württemberg).

Prof. Anthony Spiri Der Pianist Anthony Spiri gilt als einer der vielfältigsten und angesehensten Liedbegleiter, Kammermusiker und Solisten der heutigen Musikszene. Geboren in den USA, erhielt er seine Ausbildung in Cleveland und Boston, bevor ihn sein künstlerischer Werdegang nach Europa führte, wo er am Salzburger Mozarteum sein Studium abschloss. Sein umfangreiches Repertoire, das von Alter Musik bis zu Werken des 21. Jahrhunderts reicht, hat Anthony Spiri mit Klavierabenden durch viele Länder Europas, nach Asien und Amerika geführt. Als Solist ist er mit dem Chamber Orchestra of Europe unter Nikolaus Harnoncourt und Michael Tilson Thomas, der Camerata Academica Salzburg, dem Ensemble Wien Modern, dem Mozarteum-Orchester Salzburg und anderen Orchestern aufgetreten. Als Liedbegleiter hat Anthony Spiri mit Peter Schreier, Marjana Lipovšek, Edith Mathis, Bernarda Fink und vielen anderen konzertiert. Von 1987 bis 1993 war er Assistent von Nicolaus Harnoncourt am Salzburger Mozarteum. Besondere Aufmerksamkeit widmet der Pianist den Werken der Söhne Johann Sebastian Bachs, deren Kompositionen er mit zahlreichen Aufnahmen auf CD festhielt. Aktuell lebt Anthony Spiri in München und ist als Professor für Klavierkammermusik an der Musikhochschule Köln tätig, deren Prodekan er ist.

Dr. Theodor Ziegler ist Religionspädagoge im Ruhestand, aktiv im Internationalen Versöhnungsbund, im „Forum Friedensethik" der Evangelischen Landeskirche in Baden und in der Initiative "Sicherheit neu denken!" Dissertation über „Motive und Alternativentwürfe christlicher Pazifisten. Die vorrangige Option der Gewaltfreiheit im Religionsunterricht der Kursstufe".

Über dieses Buchprojekt

Informationen über dieses Buchprojekt finden Sie unter dem QR-Code, der diesen Link enthält: https://is.gd/V7mH7Z

Dieses Buch enthält wissenschaftliche und nicht-wissenschaftliche Texte.

Dieses Buch beschreibt die Situation in Deutschland. Es fehlen Untersuchungen zu anderen Ländern.

Alle Autoren sind sich einig, dass (auch) im kirchlichen Rahmen keine Militärmusikkorps auftreten sollten. Das heißt, dieses Buch ist nicht neutral, sondern bewusst einseitig. Pro- und Kontra-Argumente werden einander nicht neutral gegenübergestellt.

Die Autoren sind in Bezug auf ihre religiöse und politische Orientierung sehr verschieden. Auch eine atheistische Position findet sich in diesem Buch.

In diesem Buch wird nicht einheitlich gegendert. Die Autoren handhaben das Gendern verschieden.

Alle Texte folgen der neuen Rechtschreibung, außer einem Text. Der Autor hat gute Gründe.

Die Anzahl der Bundeswehr-Musikkorps ändert sich alle paar Jahre. Ebenfalls die Namen der Musikkorps. Diese Änderungen haben mit den Bundeswehr-Reformen zu tun. Aus diesem Grunde wird die Anzahl der Militärmusikkorps sowie deren Namen in den älteren Texten dieses Buches anders angegeben als in den jüngeren Texten.

Manche Texte wurden vor dem Einmarsch Russlands in die Ukraine, also vor dem 24. Februar 2022, verfasst, andere danach.

Einige Aussagen in diesem Buch wiederholen sich. Das darf so sein. Sogar in der Bibel wiederholen sich Aussagen.

Alle Autoren sind männlich. Wir haben uns sehr bemüht, mindestens eine Autorin zu gewinnen. Das ist uns leider nicht gelungen.

Es fehlt eine Dissertation zum Thema „Militärkonzerte in Kirchen", gerne auch mit der Beschreibung des Phänomens in anderen Ländern. Wer könnte eine solche Dissertation schreiben?

Falls Sie Fehler finden, bitte melden. Dann wird die zweite Auflage noch besser.

Die Autoren Theodor Ziegler, Matthias-W. Engelke und Rainer Schmid sind aktiv im Ökumenischen Institut für Friedenstheologie, OekIF.

Bildrechte: Wir haben uns bemüht, bei allen Fotos die Bildrechte zu recherchieren. Das ist uns nicht immer gelungen. In diesen Fällen bitte niederschwellig melden. Dann werden diese Informationen in der zweiten Auflage ergänzt bzw. verbessert.

EDITION PACE

Die EDITION PACE[129] wurde 2018 von Thomas Nauerth und Peter Bürger initiiert. Erschienen sind seitdem folgende Werke:

1. John Dear, Ein Mensch des Friedens und der Gewaltfreiheit werden. Ausgewählte Aufsätze und Reden [2018]
2. Heinrich Missalla, "Gott Mit uns". Die deutsche katholische Kriegspredigt 1914-1918 [2018]
3. Bürger, Peter / Weisner, Christian / Meyer, Friedhelm (Hrsg.), "Gedenkt der Heiligsprechung von Oscar Romero durch die Armen dieser Erde". Dokumentation des Ökumenischen Aufrufes zum 1. Mai 2011 [2018]

---

[129] https://friedenstheologie-institut.jimdofree.com/edition-pace-etc/

4. Voß, Reinhard J., Die katholische Kirche in der DR Kongo im Kontext von Gesellschaft und Ökumene. Eindrücke, Erlebnisse & Einsichten von 2010-2014 - dokumentarische Nachträge zur Entwicklung bis 2019 [2019]
5. Matthias-W. Engelke "Zelt der Friedensmacher. Die christliche Gemeinde in Friedenstheologie und Friedensethik" [2019]
6. Schmid, Rainer / Nauerth, Thomas / Engelke, Matthias / Bürger, Peter (Hrsg.), Die Seelen rüsten. Zur Kritik der staatskirchlichen Militärseelsorge [2019]
7. Schmid, Rainer / Nauerth, Thomas / Engelke, Matthias / Bürger, Peter (Hrsg.), Im Sold der Schlächter. Militärseelsorge im Hitlerkrieg [2019]
8. John Dear, Gewaltfrei leben [2019]
9. Bürger, Peter, Oscar Romero, die synodale Kirche und Abgründe des Klerikalismus. Zum 40. Todestag des Lebenszeugen aus El Salvador [2020]
10. Ullrich Hahn, Vom Lassen der Gewalt. Thesen, Texte, Theorien zu Gewaltfreiem Handeln heute (herausgegeben v. Annette Nauerth und Thomas Nauerth [2020]
11. Wilhelm Wille, FFE-Leitungskreis (Hrsg.), "Sie sagen Frieden, Frieden ..." Zwanzig Jahre Forum Friedensethik in der Evangelischen Landeskirche in Baden [2020]
12. Nauerth Thomas (Hrsg.), Was ist Friedenstheologie? Ein Lesebuch [2020]
13. Ökumenisches Institut für Friedenstheologie / Engelke, Matthias-W. / Federbusch, Stefan OFM / Orth, Gottfried / Schober, Michael / Silber, Stefan (Hrsg.), Toleranz und Teilhabe. Jahrbuch Friedenstheologie 2022 [2022]
14. George Pattery S.J., Gandhi als Glaubender, eine indisch-christliche Sichtweise. Aus dem Englischen von Ingrid von Heiseler. Herausgegeben von Klaus Hagedorn und Thomas Nauerth [2021]

15. Frey, Ulrich, Auf dem Weg der Gerechtigkeit und des Friedens. Texte aus drei Jahrzehnten (herausgegeben von Gottfried Orth) [2022]
16. Nauerth, Thomas / Stroß, Annette M. (Hrsg.), In den Spiegel schauen. Friedenswissenschaftliche Perspektiven für das 21. Jahrhundert [2022]
17. Adler, Moritz, Wenn du den Frieden willst, bereite Frieden vor! Texte wider den Krieg 1868 – 1899, Hrsg.: Peter Bürger, 2024
18. Goldscheid, Rudolf, Menschenökonomie, Weltkrieg und Weltfrieden, Ausgewählte Schriften 1912 – 1926. Hrsg.: Peter Bürger, 2024
19. Ökumenisches Institut für Friedenstheologie / Engelke, Matthias-W. / Federbusch, Stefan OFM / Krauß, Wolfgang / Orth, Gottfried / Silber, Stefan (Hrsg.) Schöpfung - Gewaltfreiheit – Widerstand, Jahrbuch Friedenstheologie 2024 [2024]
20. Rotterdam, Erasmus von / Liechtenhan, Rudolf / Drewermann, Eugen, Alle müssen den Krieg verlästern. "Die Klage des Friedens" 1517. Hrsg.: Peter Bürger, 2024
21. Lange, Ernst, Ich möchte etwas für den Frieden tun... oder: Das Paradies könnte heute sein. Hrsg.: Gottfried Orth [2024]
22. Dodge, David Low, Krieg ist mit der Religion Jesu Christi unvereinbar. Eine pazifistische Pionierschrift aus dem Jahr 1812, Hrsg: Peter Bürger und Ingrid von Heiseler [2024]
23. Bloch, Johann von: Die wahrscheinlichen politischen und wirtschaftlichen Folgen eines Krieges zwischen Großmächten. Neuedition der Übersetzung von 1901 mit Begleittexten von B. Friedberg, Manfred Sapper und Jürgen Scheffran. Hrsg.: Peter Bürger, 2024
24. Riesenberger, Dieter: Die katholische Friedensbewegung in der Weimarer Republik. Neuedition der Auflage von 1976. Mit einem Vorwort von Walter Dirks und einem

Nachruf für Dieter Riesenberger von Helmut Donat. Hrsg.: Peter Bürger, 2024

25. Bürger, Eberhard, Friedensbewegungen in der Ökumene um die Zeit des Ersten Weltkriegs. Ein Überblick. Hrsg.: Peter Bürger, 2024

26. Barkeley, Richard, Die deutsche Friedensbewegung 1870-1933, unveränderter Text der Darstellung von 1947, ergänzt durch eine Bibliografie, Hrsg.: Peter Bürger, 2024

27. Fried, Alfred H., Geschichte der Friedensbewegung. Eine Darstellung zum Pazifismus bis 1912. Hrsg.: Peter Bürger, 2024

28. Quidde, Ludwig, Über Militarismus und Pazifismus. Vier friedensbewegte Texte aus den Jahren 1893-1926. Hrsg.: Peter Bürger, 2024

29. Toller, Ernst, Nie wieder Friede. Eine bittere Komödie über Militarismus und Antipazifismus aus dem Jahr 1936, Hrsg.: Peter Bürger, 2024

30. Gollwitzer, Helmut, ... dass Gerechtigkeit und Frieden sich küssen. Helmut Gollwitzer (1908-1993). Hrsg.: Gottfried Orth [2024]

www.oekum-institut-friedenstheologie.de